日习经句

中华经典锦言600条

方向东——编著

长江出版传媒 | 崇文书局

图书在版编目（CIP）数据

日习经句 / 方向东编著. -- 武汉 : 崇文书局，2025. 3. -- ISBN 978-7-5403-7849-3

Ⅰ. Z126

中国国家版本馆 CIP 数据核字第 2024ZD9386 号

责任编辑：李慧娟
封面设计：吴　萌
责任校对：杨晨宇
责任印制：邵雨奇

日习经句

RI XI JINGJU

出版发行：长江出版传媒 | 崇文书局
地　　址：武汉市雄楚大街 268 号 C 座 11 层
电　　话：（027）87677133　邮政编码：430070
印　　刷：武汉市卓源印务有限公司
开　　本：787mm×1092mm　1/32
印　　张：8.75
字　　数：170 千
版　　次：2025 年 3 月第 1 版
印　　次：2025 年 3 月第 1 次印刷
定　　价：39.80 元

卷　首

《诗》以道志，

《书》以道事，

《礼》以道行，

《乐》以道和，

《易》以道阴阳，

《春秋》以道名分。

——《庄子·天下》

舍经以谈道，非道也；

离经以求学，非学也。

——清·秦蕙田

前　言

中国文化源远流长，古代典籍汗牛充栋。传统文化留下的经典中，蕴含着古人丰富的智慧，值得我们汲取。但对于缺乏古文基础的大众读者，阅读经典是很困难的事情，也没有时间去研读。有感于此，自2015年11月习经堂开办以来，到2018年3月，我们在微信平台推出了“日习经句”的栏目，便于大家逐日学习经句，以了解古代经典，受到大家的欢迎。这本小书，即是这些经句的结集。

古代经典中，儒家以“十三经”为代表，道家以《老子》《庄子》为代表。这些经典，在先秦时期已经大体形成，解释这些经典的注疏，沿及唐宋。儒家的“十三经”，包括《周易》《尚书》《毛诗》《周礼》《仪礼》《礼记》《春秋左氏传》《春秋公羊传》《春秋穀梁传》《孝经》《论语》《孟子》《尔雅》。这些典籍由于被历代奉为经典，至今完整地保存下来，经过历代的解释，注疏文字多达数百万，今日非学术研究者已无力阅读。且在科技引领世界的时代，人们也会认为古人的东西已经过时，没有必要去读。但其实这些经典中，记载着古人对我们的生命、生活、学习、人际关系，乃至社会治理和大自然规律的深刻认识，充满着对哲理、社会治理和人生智慧的真知灼见，可以为我们的现实生活服务，提升我们的生命质量和生活品位。

本书从古代经典中摘取经句600条，大致按生命、命运、家庭、婚姻、孝道、求学、养生、修身、快乐、行为、言语、礼仪、交往、仁义、义利、诚信、德行、智慧、治理、天道 20 个门类，加以注释和解说，以方便学习。其中一些经句的解释涉及古人不同的见解，不作讨论，仁者见仁，智者见智，读者可选择之。

目　录

生命第一

一

1. 人生而不具者五①：目无见，不能食，不能行，不能言，不能化②。三月而彻眴③，然后能有见；八月生齿，然后食；期而生膑④，然后能行；三年嘻合⑤，然后能言⑥；十有六情通，然后能化。

（《大戴礼记·本命》）

‖ 释义

① 具：具备，完备。

② 化：指生育。

③ 彻眴（tián）：转动眼睛。彻，尽。眴，通“旬”。目摇。

④ 期（jī）：一周年。膑：膝盖骨。

⑤ 嘻（xī）：通“囟”。脑盖（孔广森说）。

⑥ 情通：指通男女之情。

‖ 解说

人刚刚生下来不具备的能力有五种：眼睛看不见，不会吃，不会走路，不会说话，没有生殖能力。三个月后眼睛能聚光转动，然后才能看到远处；八个月长出牙齿，然后能吃东西；一年后膝盖骨长完全，然后能走；三年脑盖骨才长合拢，然后能说话；十六岁通男女的情欲，然后能生育。

2. 分于道谓之命①，形于一谓之性②，化于阴阳，象形而发谓之生③，化穷数尽谓之死④。

（《大戴礼记·本命》）

‖ 释义

① 道：指宇宙自然最高的道理。

② 形于一：古人认为天地万物未产生之前是阴阳混合的状态，形成物体为一，其本性也就确定了。

③ 象形而发：指由于阴阳的变化，产生天地万物，出现具体的形象。

④ 化穷：指阴阳的变化穷尽。数尽：形成物体为一的命数终了。

‖ 解说

从宇宙自然最高道理分出来的就叫作“命”，不再是混沌状态而表现为固定的形式就叫作“性”，由于阴阳的变化，出现具体的形象，就叫作“生”，阴阳变化穷尽命数终了就叫作“死”。

3. 五福：一曰寿①，二曰富，三曰康宁，四曰攸好德，五曰考终命。六极②：一曰凶短折③，二曰疾，三曰忧，四曰贫，五曰恶，六曰弱。

（《尚书·洪范》）

‖ 释义

① 寿：长寿。

② 极：苦，恶。

③ 短：指未满六十。折：指未到三十。

‖ 解说

长寿，富有，健康，喜好美德和不夭折，是人的五种福气。反之，一动就有灾祸，短寿夭折，疾病，忧愁，贫困，长相丑陋，体力和心气都弱，是人的六种恶事。

4. 人虽有命①，荒淫者必损寿。

（《左传·昭公元年》唐孔颖达正义）

释义

① 命：客观限定。

解说

这是晋代五经博士孔晁说的话。意思是人的寿命虽然有定数，但生活过度放纵必定折损寿命。

5. 君子必先知农人稼穑之艰难，然后乃谋为逸豫。

（《尚书·无逸》唐孔颖达正义）

解说

君子必须知道农民耕作的艰难，意味经历艰难困苦，然后才能考虑安逸快乐。年轻时必须打拼。

6. 凡有血气者，莫不尊亲。

（《礼记·中庸》）

解说

有血有肉有呼吸的动物都知道爱护自己的同类，作为人更应该敬重自己的父母和祖先。

7. 其嗜欲深者，其天机浅。

（《庄子·大宗师》）

解说

贪吃贪睡、欲望特强的人，天生的灵性就会很少。所谓酒囊饭袋、行尸走肉，痴笨如猪。（《庄子》又称《南华真经》，庄子又称“南华真人”。）

8. 夫大块载我以形[①]，劳我以生，佚我以老[②]，息我以死。故善吾生者，乃所以善吾死也。

（《庄子·大宗师》）

释义

① 大块：大地，指自然。

② 佚：闲逸。

解说

大自然以形体赋予我，用生让我劳作，用老让我闲逸，用死让我休息。所以善待我自己生命的，就是善待死亡。

9. 死生，命也，其有夜旦之常，天也。人之有所不得与，皆物之情也。

（《庄子·大宗师》）

解说

人的死或生，都是命数的安排；白天黑夜的永恒周转，是大自然的规律。人不能干预，都是事物的真实存在。

命运第二

二

10. 仲尼曰："死生存亡，穷达贫富，贤与不肖，毁誉，饥渴寒暑，是事之变、命之行也。"

（《庄子·德充符》）

解说

孔子认为人的生死、穷通、聪明愚笨、受到诽谤或赞誉以及遭遇的饥渴冷热，都是世间万事的变化、命运的运行。

11. 命有三名：行善得善曰受命，行善得恶曰遭命，行恶得恶曰随命。

（《孟子·尽心上》汉赵岐注）

解说

孟子认为修身而能自然寿终叫正命。孔子认为三种死亡为非命：饮食不节，劳逸过度，遭病杀；做官欺上瞒下，嗜欲无厌，遭刑杀，欺大压小，遭兵杀。

12. 休以为人生有三命①：有寿命以保度，有随命以督行，有遭命以摘暴②，未闻死可祈也。

（《公羊传·襄公二十九年》唐徐彦疏）

释义

① 休：何休，人名。东汉经学家。

② 摘：通"谪"。谴责。

‖ 解说

命有三种，行善得善曰受命，行善得恶曰遭命，行恶得恶曰随命。这里寿命指受命。意思是人行善能获得正常寿命的限度，所谓尽其天年；人行恶得恶，有上天监督其行为；人行善得恶是上天谴责恶人的暴行。

13. 孔子曰："不知命，无以为君子也。"

（《论语·尧曰》）

‖ 解说

孔子认为君子应当乐天知命。命指人的境遇好坏。

14. 仲尼曰："天下有大戒二：其一，命也；其一，义也。子之爱亲，命也，不可解于心；臣之事君，义也，无适而非君也，无所逃于天地之间。是之谓大戒。"

（《庄子·人间世》）

‖ 解说

孔子认为人有两大规律无法逃脱，一是客观处境，叫作命；一是责任，叫作义。子女与父母的关系就是命，子女爱父母要常记于心，不可懈怠；臣民对君主的关系到处都存在，履行职责就是义。

家庭第三

三

15. 积善之家，必有余庆。积不善之家，必有余殃。

（《周易·文言》）

解说

易经的传文《文言》中说，总是做好事的家庭，必有很多的喜庆；总是做坏事的家庭，必有灾祸连绵不断。

16. 男女正，天地之大义也。家人有严君焉，父母之谓也。父父、子子、兄兄、弟弟、夫夫、妇妇而家道正，正家而天下定矣。

（《周易·家人卦》彖辞）

解说

家庭中男女要摆正位置，这是符合天地自然的大道理。家庭中父母的权威如同国君的权威。父子、兄弟、夫妇都要履行好各自的职责，处理好各种关系，这样的家庭生活就是正道。每个家庭和谐安定，天下就安定了。

17. 治家之道，在初即须严正，立法防闲。若黩乱之后，方始治之，即有悔矣。

（《周易·家人卦》唐孔颖达正义）

解说

家庭的管理，一开始就应该设立规矩，如果等出了乱子才治理，就悔之晚矣。

18. 布五教于四方，教父以义、教母以慈、教兄以友、教弟以共、教子以孝，是之谓五教。

（《左传·文公十八年》唐孔颖达正义）

解说

向天下四方推行五种人伦教化，教父亲讲道义，教母亲慈爱，教兄长友爱，教弟弟恭敬，教子女孝道。这就是所说的“五教”。

19. 五亩之宅，树之以桑，五十者可以衣帛矣。鸡豚狗彘之畜①，无失其时，七十者可以食肉矣。百亩之田，勿夺其时，八口之家可以无饥矣。谨庠序之教②，申之以孝悌之义，颁白者不负戴于道路矣③。老者衣帛食肉，黎民不饥不寒，然而不王者，未之有也。

（《孟子·梁惠王上》）

释义

① 豚：小猪，泛指猪。彘（zhì）：猪。

② 谨：慎重。庠（xiáng）序：古代学校的名称，商代称庠，周代称序。

③ 颁白：须发花白。颁，通“斑”。

解说

五亩的宅院，周围种上桑树，五十岁的老者就可以穿上丝绵的衣服了。畜养猪狗鸡鸭，不要错过季节，七十岁的老者可以吃上肉了。百亩的农田，不错过耕种的季节，八口人的家庭可以不受饥饿了。认真推行学校的教育，宣扬孝悌的道理，老者就不必在外面劳作了。老年人能穿丝绵、吃肉食，普通百姓不受饥寒，这样的国家能不称王天下的，没有听说过。

20. 内无怨女①，外无旷夫②。

（《孟子·梁惠王下》）

释义

① 怨女：嫁不出去的女子，指二十岁未嫁。

② 旷夫：无法娶妻的男子，指三十岁未娶。

解说

这是孟子称颂周代古公亶父时期的社会状况，家庭内部没有嫁不出去的女子，在外没有不能成家的男子。

21. 天下之本在国，国之本在家，家之本在身。

（《孟子·离娄上》）

解说

天下的根本在国家，国家的根本在家庭，家庭的根本在自身。儒家主张修身、齐家、治国、平天下，可见家庭的重要性。

22. 君子之于子也，爱而勿面也，使而勿貌也，导之以道而勿强也。

（《大戴礼记·曾子立事》）

解说

君子对于儿子，爱他不能表现在表面上，支使他不能表现在外表上，用道理引导他但不能强迫他。

23. 门内之治恩掩义[①]，门外之治义断恩[②]。

（《大戴礼记·本命》）

释义

① 掩：指超过。

② 断：断绝。

解说

家庭内部的处理事情，感情要超过道理，家庭外部的处理事情，要只讲道理，杜绝感情。

婚姻第四

四

24. 昏礼者，将合二姓之好，上以事宗庙，而下以继后世也，故君子重之。

（《礼记·昏义》）

解说

婚礼的意义在于表示将要结成两姓之间的友好关系，对上侍奉祖宗的祭祀，对下传宗接代，所以君子很重视。

25. 夫妇正则父子亲，父子亲则君臣和，君臣和则天下治，故夫妇者，人道之始，王教之端。

（《公羊传·隐公二年》汉何休注）

解说

夫妻的关系端正了，父子就会相亲相爱；父子亲爱就会君臣和睦，君臣和睦就会天下太平，所以夫妻关系是人类社会活动的开始，君王实行教化的开端。

26. 女有五不取：逆家子不取，乱家子不取，世有刑人不取，世有恶疾不取，丧妇长子不取。逆家子者，为其逆德也；乱家子者，为其乱人伦也；世有刑人者，为其弃于人也；世有恶疾者，为其弃于天也；丧妇长子者，为其无所受命也。

（《大戴礼记·本命》）

‖ 解说

这是古代择偶的避忌，意思是女子有五种情形不娶为妻：悖逆父母的不娶，家庭淫乱的不娶，先世是罪犯的不娶，先世有恶性疾病的不娶，早年丧母的不娶。悖逆父母的，因为违背了道德；家庭淫乱的，因为破坏了伦理；先世是罪犯的，因为被世人抛弃；先世有恶性疾病的，因为被上天抛弃；早年丧母的，因为没有受到母亲的教育。

27. 妇有七去：不顺父母去，无子去，淫去，妒去，有恶疾去，多言去，窃盗去。不顺父母，为其逆德也；无子，为其绝世也；淫，为其乱族也；妒，为其乱家也；有恶疾，为其不可与共粢盛也①；口多言②，为其离亲也③；盗窃，为其反义也。

（《大戴礼记・本命》）

‖ 释义

① 粢盛（zī chéng）：粢是黍稷，盛是黍稷装在器皿，指祭祀。古代有恶疾的人，不能到宗庙祭祀。也指不能一起饮食。

② 多言：指喜欢搬弄是非，挑拨离间。

③ 离亲：指挑拨了与父母与子女的感情。

‖ 解说

这是古代离异的标准，意思是妇人有下列七种情形之一可以休去：不顺从公婆的可以休去，不能生育的可以休去，淫乱的可以休去，过分嫉妒的可以休去，有恶性疾病的可以休去，好搬弄是非的可以休去，盗窃的可以休去。不顺从公婆的可以休去，因为违背了道德；不能生育的可以休去，因为断了后代；淫乱可以休去，因为搞乱了宗族辈分血统；过分嫉妒的可以休去，因为搞乱了家庭；有恶性疾病的可以休去，因为不能参加祭祀和一起饮食；好搬弄是非的可以休去，因为离间了亲情；盗窃的可以休去，因为违反了道义。

28. 妇有三不去：有所取，无所归，不去；与更三年丧[①]，不去；前贫贱，后富贵，不去。

（《大戴礼记·本命》）

释义

① 更：经过。更三年丧，说明曾经服侍公婆，尽过责任和妇道。

解说

这是古代不能离异的原则，妇人有三种情形不能休去：当初娶过来，现在娘家没有亲属，不能休去；为公婆守了三年丧，不能休去；以前贫贱一起受苦，后来富贵了，不能休去。

29. 男女同姓，其生不蕃[①]。

（《左传·僖公二十三年》）

释义

① 蕃：繁殖。

解说

古人认为男女择偶不取同姓，否则后代不会繁衍昌盛。《国语·晋语》里也说：“同姓不婚，恶不殖也。”今日近亲不婚的道理古人早就认识到了。

30. 昏姻之礼废，则夫妇之道苦，而淫辟之罪多矣。

（《大戴礼记·礼察》）

解说

古人婚礼有六礼（纳采、问名、纳吉、纳征、请期、亲迎），是表示对婚姻的慎重和隆重，若缺失容易造成男女关系混乱。今日自由恋爱，也容易导致轻易离婚。

孝道第五

五

31. 孟子曰："不孝有三，无后为大。"

（《孟子·离娄上》）

解说

孟子认为不孝有三种：一是不按道理顺从父母，使父母陷于不义；二是家境贫穷，父母年纪已大，不去做事养家；三是不生不育，无人继承家业，最为不孝。

32. 事亲[①]，事之本也。孰不为守？守身，守之本也。

（《孟子·离娄上》）

释义

① 亲：指父母。

解说

侍奉父母是所有事情的根本。谁能不守护自己的身体？身体是守护的根本。因为不守护好自己，就无法侍奉父母。

33. 不得乎亲[①]，不可以为人。不顺乎亲，不可以为子。

（《孟子·离娄上》）

释义

① 得：得侍奉父母的方法。

解说

不能很好地侍奉父母，就不能很好地做人。不顺从父母的意愿，就不能算是好儿子。

34. 子曰："父母唯其疾之忧。"

（《论语·为政》）

‖ 解说

孔子认为做子女的各方面都让父母放心，父母只担心子女是否会生病，这就是孝。

35. 子曰："今之孝者，是谓能养。至于犬马，皆能有养；不敬，何以别乎？"

（《论语·为政》）

‖ 解说

孔子认为孝道不仅仅是生活上供养父母，因为狗和马这些动物也知道供养父母。孝道在于敬爱父母，否则与其它动物没有区别。

36. 曾子曰："孝有三：大孝尊亲，其次弗辱，其下能养。"

（《礼记·祭义》）

‖ 解说

曾子认为最高的孝是光宗耀祖，其次是不给父母祖先丢脸，最低是能赡养父母。

37. 善父母为孝。

（《尔雅·释训》）

‖ 解说

善待父母就是孝。

38. 孝，好也。爱好父母，如所悦好也。

（《释名·释言语》）

‖ 解说

对父母好、让父母高兴就是孝。

39. 孝者，畜也。

（《礼记·祭统》）

‖ 解说

孝，就是赡养父母。这是孝的最低层次。

40. 孝者，德之本欤！

（《孝经·序》）

‖ 解说

孝是德行的根本。

41. 孝者，德之至、道之要也。

（《孝经·开宗明义章》唐玄宗注）

‖ 解说

按王肃解释的意思是：道德以孝行为最高，以孝行为最重要。

42. 身体发肤，受之父母，不敢毁伤，孝之始也。

（《孝经·开宗明义章》）

‖ 解说

我们的身体、头发、皮肤，都是从父母那里接受过来的，不敢有任何毁坏伤害，这是孝道的开始。父母全而生之，己当全而归之，故不敢毁伤。

43. 立身行道，扬名于后世，以显父母，孝之终也。

（《孝经·开宗明义章》）

‖ 解说

以孝道立身处世，有好名声，为父母争光，是孝行的终点。

44. 夫孝始于事亲，中于事君，终于立身。

（《孝经·开宗明义章》）

‖ 解说

孝道从侍奉父母开始，进而扩大到对待上级，以至于立身扬名，光宗耀祖。

45. 子曰："爱亲者，不敢恶于人。敬亲者，不敢慢于人。爱敬尽于事亲，而德教加于百姓，刑于四海①，盖天子之孝也。"

（《孝经·天子章》）

‖ 释义

① 刑：通"型"。模范，指榜样。

‖ 解说

孔子说，不仅爱敬父母，而且爱敬其他人。把道德教育施加于老百姓，做天下人的榜样，这是天子对天下人的大孝。

46. 在上不骄，高而不危。制节谨度，满而不溢。高而不危，所以长守贵也。满而不溢，所以长守富也。富贵不离其身，然后能保其社稷，而和其民人。盖诸侯之孝也。

（《孝经·诸侯章》）

‖ 解说

古人论"孝"，不仅仅指孝敬父母，所以有"大孝孝天下"之说。古代诸侯相当于今天省级、市级的地方官。"骄"指无礼，"溢"指奢泰。做地方官的，如果能遵守礼法，不欺上压下，不奢侈放纵，造福一方百姓，就是诸侯的“孝”。

47. 非法不言，非道不行。口无择言，身无择行。言满天下无口过，行满天下无怨恶。三者备矣，然后能守其宗庙。盖卿大夫之孝也。

（《孝经·卿大夫章》）

解说

卿大夫是指中层官员。意思是一般官员遵守礼法，遵行道德，就会没有过错，不招人怨恨，能守住自己的职位，这就是卿大夫的“孝”。

48. 资于事父以事母，而爱同；资于事父以事君，而敬同。故母取其爱，而君取其敬，兼之者父也。故以孝事君则忠，以敬事长则顺。忠顺不失，以事其上，然后能保其禄位，而守其祭祀。盖士之孝也。

（《孝经·士章》）

解说

“士”指普通的知识分子。“资”是取的意思。这段话是说士人爱父与爱母相同，敬父与敬君相同。对父不仅要爱，而且要敬。把对父母的孝去对待“君”（今天可理解为上级）就可以做到“忠”，用敬去对待“长”（比自己地位高的人）就可以做到“顺”，这样就能保住自己的待遇和地位。这就是士的“孝”。

49. 用天之道，分地之利，谨身节用，以养父母。此庶人之孝也。

（《孝经·庶人章》）

‖ 解说

按照天时的变化规律，依据土地适宜哪种作物生长来获取收成，兢兢业业，节省用度，供养父母，这就是普通民众的“孝”。

50. 故自天子至于庶人，孝无终始，而患不及者，未之有也。

（《孝经·庶人章》）

‖ 解说

总结前面说到的五类人，不分身份的高低贵贱，都存在“孝”，而担心自己做不到的情况并不存在。说的是孝道广大。

51. 子曰：“夫孝，天之经也，地之义也，民之行也。”

（《孝经·三才章》）

‖ 解说

孔子认为，就像天上日月星辰运行有规律，就像大地适宜万物生长，“孝”是人应有的道德，是百行之首。所以有“百善孝为先”之说。

52. 子曰：“……人之行莫大于孝，孝莫大于严父。”

（《孝经·圣治章》）

‖ 解说

孔子认为，人的行为没有比孝更重大的了，因为孝是德行的根本，而孝没有比尊敬父亲更重大的了。（古代以父亲为家庭中心，今日母亲也是中心，同样要尊敬。）

53. 子曰：“孝子之事亲也，居则致其敬，养则致其乐，病则致其忧，丧则致其哀，祭则致其严。五者备矣，然后

能事亲。”

（《孝经·纪孝行章》）

解说

孔子认为，孝子侍奉父母，平时要极其尊敬，奉养饮食要尽其欢心，父母生病要极其忧伤，父母去世要极其悲哀，祭祀要极其严肃诚敬。

54. 事亲者居上不骄，为下不乱，在丑不争。居上而骄则亡，为下而乱则刑，在丑而争则兵[1]。三者不除，虽日用三牲之养[2]，犹为不孝也。

（《孝经·纪孝行章》）

释义

① 丑：指众人。

② 三牲：指牛、羊、猪。

解说

侍奉父母要做到身处高位不骄纵，身处下位不乱来，与人相处不争斗，否则会有杀身伤身之祸。即使每天大鱼大肉供养父母，父母仍然整日担惊受怕，这是不孝。

55. 孝以不毁为先。

（《孝经·纪孝行章》唐玄宗注）

解说

孝首先要做到使自己的身体不受到伤害，因为身体来自父母。

56. 子曰：“五刑之属三千，而罪莫大于不孝。”

（《孝经·五刑章》）

‖ 解说

五刑指古代五种刑罚，脸上刺字为墨刑，割去鼻子为劓（yì）刑，砍去脚为剕（fèi）刑，割去生殖器为宫刑，砍头为大辟，共有三千条。孔子认为，这些罪过都比不上“不孝”的罪过大。

57. 人不忠于君，不法于圣，不爱于亲，此皆为不孝，乃是罪恶之极。

（《孝经·五刑章》宋邢昺疏）

‖ 解说

人不忠于上级，不学习古圣先贤，不爱父母，都是不孝的行为，是最大的罪恶。

58. 子曰：“教民亲爱，莫善于孝。教民礼顺，莫善于悌。”

（《孝经·广要道章》）

‖ 解说

孔子认为管理民众者，要想使民众互相亲爱，遵守礼节，顺从君长，没有比“孝悌”更好的了。

59. 夫子曰：“断一树，杀一兽，不以其时，非孝也。”

（《礼记·祭义》）

‖ 解说

孔子认为不按照季节砍树、杀死野兽，也是不孝的行为。因为天地自然是人的衣食父母，破坏自然是大不孝。

60. 生事爱敬，死事哀戚，生民之本尽矣，死生之义备矣，孝子之事亲终矣。

（《孝经·丧亲章》）

‖ 解说

古人不仅重生，而且重死。孝子对父母，不仅生前要尽爱敬，去世后要尽哀戚。哀戚有具体内容：父母去世时，孝子要号啕大哭，声嘶力竭；行动不顾及规矩；说话不文饰；披麻戴孝，穿好衣服心里不安；听到音乐也不快乐；三天不吃东西，之后吃好东西也不香甜。为下葬准备棺椁衣服，选择墓地，下葬之后，要设立灵位，一年四季祭祀。守丧三个年头（二十五个月）之后，终生记住父母去世的日子，心存悲哀。这样，儿女对父母所尽的孝心才算终了。

61. 仲尼曰：“……夫事其亲者，不择地而安之，孝之至也；夫事其君者，不择事而安之，忠之盛也。”

（《庄子·人间世》）

‖ 解说

孔子认为子女对待父母，不论在何地，使父母安心，是最大的孝；下级对上级，不论什么事情，让上级放心，是最大的忠。

62. 父母有过，下气怡色，柔声以谏，谏若不入，起敬起孝，说则复谏。

（《礼记·内则》）

‖ 解说

父母有过错，子女要神情高兴、语气轻柔地进行劝告。父母听不进去，要照常孝敬，等父母高兴时再劝告。

63. 曾子曰：“孝子之养老也，乐其心，不违其志；乐其耳目，安其寝处，以其饮食忠养之[①]。”

（《礼记·内则》）

‖ 释义

① 忠：指内心。

‖ 解说

曾子对父母特别孝顺，他认为孝子孝顺父母在两方面，一是要让父母心情愉快，二是生活中父母耳朵听到的、眼睛看到的都要高兴，睡觉安逸，饮食合口味。

64. 众之本教曰孝，其行曰养。养可能也，敬为难。敬可能也，安为难。安可能也，卒为难。

（《礼记·祭义》）

‖ 解说

教化民众的根本是孝，行为是赡养父母。养是可以做到的，做到敬更困难。敬可以做到，使父母心安更困难。使父母心安可以做到，终身孝敬更困难。

65. 父母既没，慎行其身，不遗父母恶名[①]，可谓能终矣。

（《礼记·祭义》）

‖ 释义

① 遗：留。

‖ 解说

父母去世之后，能谨慎自身的所作所为，不给父母留下坏名声，可以算是终身孝敬了。

66. 孝有三，小孝用力，中孝用劳[①]，大孝不匮[②]。

（《礼记·祭义》）

‖ 释义

① 劳：功劳。

② 匮：穷尽。

解说

孝有三等：小孝出力气，中孝建立功业，大孝没有欠缺没有穷尽。

67. 思慈爱忘劳，可谓用力矣。尊仁安义，可谓用劳矣。博施备物，可谓不匮矣。

（《礼记·祭义》）

解说

这是对三种孝的具体解释。意思是常常想着父母的慈爱而忘记自己的劳苦，可以算是用力。安心地坚守仁义，可以算是建功立业。积聚财富广泛施舍，可以算是孝心没有穷尽。

68. 父母爱之，喜而弗忘；父母恶之，惧而无怨。

（《礼记·祭义》）

解说

孝的具体表现。意思是父母喜欢你，自己高兴不忘记；父母不喜欢你，自己时时畏惧但不怨恨。

69. 天之所生，地之所养，无人为大。父母全而生之，子全而归之，可谓孝矣。不亏其体，不辱其身，可谓全矣。

（《礼记·祭义》）

解说

天地所生养的，没有比人更重要的了。父母完整地生下了你，做子女的要完整地保存下来，这才叫作孝。身体没有损伤，不受到侮辱，可以算是保全下来了。

70. 壹举足而不敢忘父母，壹出言而不敢忘父母。壹举足而不敢忘父母，是故道而不径，舟而不游，不敢以先父母之遗体行殆[1]。壹出言而不敢忘父母，是故恶言不出于口，忿言不反于身。不辱其身，不羞其亲，可谓孝矣。

（《礼记·祭义》）

‖ 释义

① 殆：危险。

‖ 解说

孝子一言一行都不敢忘记父母，所以走路不抄近道，坐船不下水游泳，不敢用祖先遗留下来的身体做危险的事。口不出恶言，不遭人谩骂，自身不受侮辱，不让父母蒙羞，这就叫作孝。

71. 祭者，所以追养继孝也。

（《礼记·祭统》）

‖ 解说

祭祀祖先，是为了怀念养育之恩、继承孝道。

72. 是故孝子之事亲也有三道焉：生则养，没则丧，丧毕则祭。养则观其顺也，丧则观其哀也，祭则观其敬而时也。尽此三道者，孝子之行也。

（《礼记·祭统》）

‖ 解说

孝子侍奉父母有三种途径：父母活着时要赡养，去世了要举行丧礼，丧礼之后要祭祀。赡养要看是不是顺父母心意，丧礼要看是不是悲哀，祭祀要看是不是诚敬并且守时。做好三个方面，才算是孝子的行为。

73. 外则尽物，内则尽志，此祭之心也。

（《礼记·祭统》）

解说

祭祀的外表是尽可能供奉祭品，内心是尽到自己的心思，这算是祭祀的心情。

74. 子云："君子弛其亲之过而敬其美。"

（《礼记·坊记》）

解说

孔子说，君子要忘记父母的过错而敬重他们的美德。

75. 子云："父子不同位，以厚敬也。"

（《礼记·坊记》）

解说

孔子说，父亲和儿子不处在尊卑相同的位置上，是为了强调敬重父亲的尊严。

76. 顺乎亲有道，反诸身不诚，不顺乎亲矣。

（《礼记·中庸》）

解说

孝顺父母有途径，反求于自己不诚心，不能孝顺父母。

77. 君子无不敬也，敬身为大。身也者，亲之枝也，敢不敬与？不能敬其身，是伤其亲；伤其亲，是伤其本；伤其本，枝从而亡。

（《大戴礼记·哀公问于孔子》）

‖ 解说

君子无处不敬重，敬重自身最重要。自己的身体，是父母的枝叶，能不敬重吗？不能敬重自身，就是伤害父母；伤害了父母，就是伤害了根本；伤害了根本，枝叶也就跟着死亡了。

78. 曾子曰："忠者，其孝之本与！孝子不登高，不履危，痺亦弗凭①，不苟笑，不苟訾②，隐不命③，临不指，故不在尤之中也。"

（《大戴礼记·曾子本孝》）

‖ 释义

① 痺：通"庳"。低下，这里指深渊。凭：临。

② 訾（zǐ）：诋毁。

③ 隐：指隐暗的地方。命：呼叫。

‖ 解说

曾子说，诚敬，是孝的根本吧？孝子不登上高处，不走危险的地方，不凭临深渊，不随便言笑，不诋毁别人，在隐暗之处不呼叫，所以不在人指责之列。

79. 故孝子之事亲也，居易以俟命，不兴险行以侥幸。孝子游之，暴人违之。出门而使不以，或为父母忧也。险涂隘巷，不求先焉，以爱其身。以不敢忘其亲也。

（《大戴礼记·曾子本孝》）

‖ 解说

所以孝子侍奉父母，身处平安等待天命，不做出危险的行为来追求非分的幸福。与孝子同游，远离凶暴的人。出门办事，不因为迷惑使父母担忧。在危险的道路和狭窄的街巷，以不和别人争先来保护自己，是因为不敢忘记父母。

80. 曾子曰："君子立孝，其忠之用，礼之贵。"

（《大戴礼记·曾子立孝》）

解说

曾子说，君子建立孝道，要用内心的忠诚，要重外表的礼仪。

81. 君子之孝也，忠爱以敬，反是乱也。尽力而有礼，庄敬而安之，微谏不倦，听从而不怠，欢欣忠信，咎故不生，可谓孝矣。

（《大戴礼记·曾子立孝》）

解说

君子的孝道，内心充满爱敬，违反了这个原则就乱了。竭尽其力并有礼仪，庄重恭敬使父母心安，轻微地劝谏不知疲倦，直到父母听从而不懈怠，欢乐敬爱丝毫不差，灾祸不生，可以叫作孝了。

82. 君子之所谓孝者，先意承志，谕父母以道。

（《大戴礼记·曾子大孝》）

解说

君子所说的孝，父母的意愿表达出来之前就先想到了，父母表达意愿之后按他们的意愿去做。父母有不正确的地方，通过讲道理让父母明白。

83. 曾子曰："父母之行，若中道则从，若不中道则谏，谏而不用，行之如由己。"

（《大戴礼记·曾子事父母》）

解说

曾子说，父母的行为，如果合乎道理就听从，如果不合乎道理就劝谏，意见没有被采纳，照常去做如同自己的主意。

84. 从而不谏，非孝也；谏而不从，亦非孝也。孝子之谏，达善而不敢争辨。争辨者，作乱之所由兴也。由己为无咎则宁，由己为贤人则乱。

（《大戴礼记·曾子事父母》）

解说

父母错了，一味听从而不劝谏，不是孝；只是劝谏，没有采纳而不听从，也不是孝。孝子的劝谏，只是把意见告诉父母而不去争辩。争辩，是祸乱产生的根源。出于自己的主意没有过咎倒也无事，若是想争强好胜就是犯上作乱了。

85. 孝子无私乐，父母所忧忧之，父母所乐乐之。孝子唯巧变，故父母安之。

（《大戴礼记·曾子事父母》）

解说

孝子没有个人的快乐，父母忧愁的事跟着忧愁，父母高兴的事跟着高兴。孝子只需要善于变化，所以父母感到心安。

86. 单居离问曰："事兄有道乎？"曾子曰："有。尊事之以为己望也，兄事之不遗其言。兄之行若中道，则兄事之；兄之行若不中道，则养之。养之内，不养于外，则是越之也；养之外，不养于内，则是疏之也：是故君子内外养之也。"

（《大戴礼记·曾子事父母》）

解说

单居离问道："侍奉哥哥有方法吗？"曾子说："有。尊奉他作为自己的榜样，把他作为哥哥侍奉，不忘记他的话。哥哥的行为如果合乎道理，就把他当作哥哥来侍奉；行为如果不合乎道理，就为他担忧。内心为他忧虑，而不表现在外貌，就是嫉恨他；外表嫉恨而内心里不嫉恨，就是疏远他，所以君子内心和外表都要表现出嫉恨，希望哥哥能感悟。"

87. 弟之行若中道，则正以使之；弟之行若不中道，则兄事之。诎事兄之道，若不可，然后舍之矣。

（《大戴礼记·曾子事父母》）

解说

这是曾子与弟子讨论兄弟之道。意思是弟弟的行为如果合乎道理，就用正确的方法指使他；弟弟的行为如果不合乎道理，就用哥哥的身份和职责去对待他教育他。如果弟弟缺少侍奉哥哥的道理，也没法教育，就暂时不管他。

88. 亲戚不说①，不敢外交；近者不亲，不敢求远；小者不审②，不敢言大。

（《大戴礼记·曾子疾病》）

释义

① 亲戚：指父母。

② 审：清楚，明白。

解说

没有讨得父母的欢心，不敢到外面结交朋友；得不到身边人的亲爱，不敢去亲近远方的人；小事没有弄清楚，不敢说大事。

89. 故人之生也，百岁之中，有疾病焉，有老幼焉，故君子思其不复者而先施焉。亲戚既殁，虽欲孝，谁为孝？年既耆艾，虽欲弟，谁为弟？故孝有不及，弟有不时，其此之谓与！

（《大戴礼记·曾子疾病》）

‖ 解说

所以人生在世，百年当中，有小病大病，有老年幼年，因而君子要想着那些不能重复做的事情先去做。父母去世之后，即使想要孝顺，你孝顺谁？年纪到了五六十岁，即使想要尊敬长辈，你尊敬谁？所以孝顺有来不及的，敬长有不及时的，大概说的就是这个意思吧。

90. 世俗所谓不孝者五：惰其四支，不顾父母之养，一不孝也；博弈好饮酒①，不顾父母之养，二不孝也；好货财，私妻子②，不顾父母之养，三不孝也；从耳目之欲③，以为父母戮④，四不孝也；好勇斗很，以危父母，五不孝也。

（《孟子·离娄下》）

‖ 释义

① 博弈：局戏和围棋，指玩乐。

② 私：偏爱。

③ 从：纵，放纵。

④ 戮：辱。

‖ 解说

世间不孝有五种情况：一是懒惰不养父母，二是玩乐饮酒不养父母，三是贪爱财物，偏爱妻子，不养父母，四是迷恋声色，辱没父母，五是好斗逞强，危害父母。

91. 孝子不匮[①]，永锡尔类[②]。

（《诗经·大雅·既醉》）

释义

① 匮：竭，穷尽。

② 锡：通“赐”。赐予。尔：你，你们。类：族类，一说善。

解说

孝子的行为没有穷尽，永远把善行施加给同类，一说上天永远把善道赐给你们。因此后代有“百善孝为先”的说法。

求学第六

六

92. 子曰："……知之为知之，不知为不知，是知也。"

（《论语·为政》）

解说

孔子告诫我们读书求学要踏踏实实，知道就是知道，不知道就是不知道，这样才能日益进步，切忌不懂装懂。

93. 就师学问无方，心志不通，身之罪也。

（《穀梁传·昭公十九年》）

解说

从师求学没有目标，心灵不开化，是自己的罪过。

94. 子曰："夫孝，德之本也，教之所由生也。"

（《孝经·开宗明义章》）

解说

孔子说，人的行为没有什么比孝更重要，所以是美好德行的根本，人的教育当从孝开始。教父以义，教母以慈，教兄以友，教弟以恭，教子以孝。

95. 故亲生之膝下①，以养父母日严。

（《孝经·圣治章》）

释义

① 亲：爱。

‖ 解说

人的爱心从孩童时开始，父母逐日用尊严加以培养教育，孩子渐渐长大成人，懂得道理，则更加知道尊敬父母。

96. 子夏曰：“日知其所亡，月无忘其所能，可谓好学也已矣。”

（《论语 · 子张》）

‖ 解说

孔子的弟子子夏说，每天学习自己不知道的东西，每月温习自己已知道的东西，这可以算得上好学。

97. 蒙：亨。匪我求童蒙，童蒙求我。

（《周易 · 蒙卦》卦辞）

‖ 解说

易经蒙卦是亨通的卦。教育的原则不是老师找学生教，而是学生找老师学。

98. 如切如磋，道学也。注：骨象须切磋而为器，人须学问以成德。如琢如磨，自修也。注：玉石之被琢磨，犹人自修饰。

（《尔雅 · 释训》晋郭璞注）

‖ 解说

骨头和象牙都需要加工才能成为器物，人必须通过学习和讨教培养自己的德行。玉石需要加工打磨，人必须通过学习不断提升自己的才德。

99. 好问则裕，自用则小。

（《尚书·仲虺之诰》）

解说

善于请教的人知识会越来越富足，固执专横的人知识会越来越少。

100. 玉不琢，不成器；人不学，不知道。是故古之王者建国君民，教学为先。

（《礼记·学记》）

解说

玉石不经过雕琢不能成为玉器，人不学习不能懂得事理。所以古代君主建立国家统治民众，以教学为第一要务。

101. 虽有嘉肴，弗食，不知其旨也。虽有至道，弗学，不知其善也。

（《礼记·学记》）

解说

即使有美味佳肴，不亲口尝尝，不知道它的美味；即使有最好的道理，不去学习，不知道它的好处。

102. 是故学然后知不足，教然后知困。知不足，然后能自反也。知困，然后能自强也。故曰“教学相长”也。

（《礼记·学记》）

解说

学习之后才知道自己的不足，知道不足才会继续学习；教授别人才知道自己有所不通，知道不通才会发奋学习；教与学两个方面互相增长互相提高。

103. 时过然后学，则勤苦而难成。

（《礼记·学记》）

‖ 解说

学习要抓住时机，错过了学习的年龄段，即使勤苦也难以学好。

104. 独学而无友，则孤陋而寡闻。

（《礼记·学记》）

‖ 解说

学习要与朋友讨论切磋，互相提高，否则会孤陋寡闻。

105. 学者有四失，教者必知之。人之学也，或失则多，或失则寡，或失则易，或失则止。……教也者，长善而救其失者也。

（《礼记·学记》）

‖ 解说

学习存在四种过错，或者才能不够却求多，或者才能有余却少学，或者好问而不记，或者好思而不问。教师的任务在于拓展学生的特长，弥补存在的过失。

106. 凡学之道，严师为难。师严然后道尊，道尊然后民知敬学。

（《礼记·学记》）

‖ 解说

学习的道理，尊敬老师最困难。只有老师受到尊敬，学问才会受到尊重，人民才会尊重知识，重视学习。

107. 君子有三患：未之闻，患弗得闻也。既闻之，患弗得学也。既学之，患弗能行也。

（《礼记·杂记下》）

解说

君子有三种担忧，好道理没有听到担忧不能听到，听到了担忧不能学习，学习了担忧不能做到。

108. 孔子曰：“入其国，其教可知也。其为人也，温柔敦厚，《诗》教也；疏通知远，《书》教也；广博易良，《乐》教也；絜静精微，《易》教也；恭俭庄敬，《礼》教也；属辞比事，《春秋》教也。”

（《礼记·经解》）

解说

孔子说，到一个国家，观察这个国家的风俗，就知道教了些什么。为人温柔敦厚，是接受了《诗经》的教育；通达而有远见，是接受了《书经》的教育；胸怀宽广，宁静善良，是接受了《乐经》的教育；心地纯净，思考精微，是接受了《易经》的教育；自我检束，恭敬端庄，是接受了《礼经》的教育；善于作文，巧用比喻，是接受了《春秋经》的教育。

109. 故《诗》之失愚，《书》之失诬，《乐》之失奢，《易》之失贼，《礼》之失烦，《春秋》之失乱。其为人也，温柔敦厚而不愚，则深于《诗》者也；疏通知远而不诬，则深于《书》者也；广博易良而不奢，则深于《乐》者也；絜静精微而不贼，则深于《易》者也；恭俭庄敬而不烦，

则深于《礼》者也；属辞比事而不乱，则深于《春秋》者也。

（《礼记·经解》）

‖ 解说

《诗》《书》《乐》《易》《礼》《春秋》这六经的学习要得当。否则学《诗》会糊涂，学《书》会浮夸，学《乐》会奢侈，学《易》会害人，学《礼》会烦琐，学《春秋》会作乱。深刻理解了《诗》，会使人变得温和柔顺、淳朴忠厚而不愚钝；深刻理解了《书》，会使人开明通达、博古通今而不浮夸；深刻理解了《乐》，会使人心胸开阔而不奢侈；深刻理解了《易》，会使人思虑精密而不害人；深刻理解了《礼》，会使人谦恭庄重而不烦琐；深刻理解了《春秋》，会使人善于辞令、推断事理而不作乱。

110. 有弗学，学之弗能，弗措也①；有弗问，问之弗知，弗措也；有弗思，思之弗得，弗措也；有弗辨，辨之弗明，弗措也；有弗行，行之弗笃，弗措也。

（《礼记·中庸》）

‖ 释义

① 措：放弃。

‖ 解说

除非不学习，学习如果没有学会，决不放弃；除非不请教，请教如果没有弄清楚，决不放弃；除非不思考，思考如果没有收获，决不放弃；除非不辨析，辨析如果没有明白，决不放弃；除非不去做，做了如果没有做到位，决不放弃。

111. 人一能之，己百之；人十能之，己千之。果能此道矣，虽愚必明，虽柔必强。

（《礼记·中庸》）

▌解说

别人做一遍就会的，我做一百遍也要学会；别人做十遍就会的，我做一千遍也要学会。果真能这样去做，即使愚笨也会变得聪明，即使柔弱也会变得刚强。

112. 大学之道，在明明德，在亲民，在止于至善。

（《礼记·大学》）

▌解说

古代十五岁之后的学习为大学阶段，十五岁之前为小学阶段。意思是大学的道理，在于显明人的光明的德性，在于亲爱人民，在于使人处于最佳的境界。

113. 知止而后有定，定而后能静，静而后能安，安而后能虑，虑而后能得。

（《礼记·大学》）

▌解说

知道应该处在什么地位，就能有坚定的方向，有坚定的方向静下心来，静下心来就能用心思虑，用心思虑就能有所收获。

114. 曾子曰："君子攻其恶，求其过，强其所不能，去私欲，从事于义，可谓学矣。"

（《大戴礼记·曾子立事》）

▌解说

曾子是孔子的学生曾参。他说的意思是：君子治理自己不好的行为，查找自己的过错，努力去做自己还不能做到的事，除去自己的贪欲，去做有道理的事情，可以说是好学了。

115. 君子爱日以学，及时以行，难者弗辟[①]，易者弗从，唯义所在。日旦就业，夕而自省思[②]，以殁其身[③]，亦可谓守业矣。

（《大戴礼记·曾子立事》）

‖ 释义

①辟：通“避”。

②省（xǐng）：思考。

③殁（mò）：死。

‖ 解说

君子珍惜时光去学习，及时去实践，困难的事情不躲避，容易的事情不追随，只依据道义所在。每天一早就学习，晚上自我检查思考，一直到生命终了，也可以说是坚守学业了。

116. 君子学必由其业，问必以其序。问而不决，承间观色而复之[①]。虽不说亦不强争也。

（《大戴礼记·曾子立事》）

‖ 释义

①间：闲隙。

‖ 解说

君子学习必须由经典开始，提问必须按照所学内容的次序。有疑问没有解决，等有空看老师的脸色再请教。即使不能心悦诚服也不强行与老师争辩。

117. 君子既学之，患其不博也；既博之，患其不习也；既习之，患其无知也；既知之，患其不能行也；既能行之，

贵其能让也。君子之学，致此五者而已矣。

（《大戴礼记·曾子立事》）

解说

君子学过一些知识，担心知识不广博；已经很广博了，担心不能随时温习；已经温习了，担心不能彻底掌握；已经掌握了，担心不能践行；已经践行了，可贵的是不与人争能。君子的学习，不过做到这五点罢了。

118. 子曰：“古之学者为己，今之学者为人。”疏：古人之学，则履而行之，是为己也。今人之学，空能为人言说之，己不能行，是为人也。范晔云：“为人者冯誉以显物[①]，为己者因心以会道也。”

（《论语·宪问》宋邢昺疏）

释义

① 冯（píng）：凭借。

解说

孔子说，古代的学者学习是为了提高自己，现在的学者学习是为了给别人看。古代学者学习是为了践行，是为己；当今的学者能说不能行，是为了在别人前炫耀；范晔的解释，为人是凭借名誉在人前炫耀，为己是通过内心来体会大道（规律）。

119. 为学日益，为道日损[①]。损之又损，以至于无为，无为而不为。

（《老子》第四十八章）

释义

① 损：减少。

‖ 解说

从事学习需要每天追求增加知识，求“道”则需要每天减少对外界的探求。不断地减少，一直到自然无为，能自然无为就会无所不成。

为学是为了追求对客观世界的认知，是以具体知识为对象。为“道”是对客观世界的整体的本质的把握，是以抽象的规律为对象。二者的趋向和目的都不同，有形而下与形而上的根本区别，所以存在“益”与“损”的对立。为“道”是回到本质状态，是回到原始状态，即自然无为的状态。“道”的自然无为的状态又是无所不为的状态。

120.《诗》《书》，义之府也；礼、乐，德之则也；德、义，利之本也。

（《左传·僖公二十七年》）

‖ 解说

《诗》指《诗经》，《书》指《尚书》。古人认为《诗经》的主旨是劝善惩恶，《尚书》教训人们尊贤伐罪，奉上以道，禁民为非。因此《诗》《书》是义的府库。礼引导人们谦卑恭谨，行归于敬；乐引导人们产生快乐，合乎爱心。考虑问题发自内心，外部行为举措合宜叫作德。所以说，礼乐是德的法则。德与义，是利益的根本。

121. 夫好先王之法者，德、义之府也。

（《左传·僖公二十七年》唐孔颖达正义）

‖ 解说

古人认为，喜欢过去帝王的法则，是德和义的府库。中国历史悠久，后人应该从前人那里汲取优秀的东西，所谓取其精华。

122. 夫学如殖草木也，令人日长日进，犹草木之生枝叶也。不学，则才知日退，将如草木之坠落枝叶也。

（《左传·昭公十八年》唐孔颖达正义）

解说

这是古人对坚持学习的比喻。意思是学习如同种植草木，每天培植，枝叶生长，每天学习，才智增长。反之，枝叶枯落，才智日益减退。

养生第七

七

123. 孟子曰："养心莫善于寡欲。其为人也寡欲，虽有不存焉者，寡矣……其为人也多欲，虽有存焉者，寡矣。"

（《孟子·尽心下》）

解说

孟子说，养心最好是欲望少，欲望少的人虽然也有遭横祸而死的，这种情况毕竟是少数。……欲望多的人虽然也有靠祖上积德而幸存的，这种情况毕竟也是少数。

124. 食不语，寝不言。

（《论语·乡党》）

解说

孔子吃饭和睡觉时不说话，这是良好的生活习惯。

125. 食不厌精，脍不厌细。

（《论语·乡党》）

解说

孔子提倡吃的东西尽可能加工精细，大概是讲究卫生和容易消化。

126. 食饐而餲①，鱼馁而肉败②，不食。

（《论语·乡党》）

‖ 释义

① 饐（yì）：食物味道变臭。餲（ài）：食物经久而变味。

② 馁（něi）：指鱼类腐烂。

‖ 解说

孔子不吃变味的饭食，不吃腐烂的鱼肉。

127. 色恶，不食。臭恶，不食。

（《论语·乡党》）

‖ 解说

孔子不吃变色、变质的食物。

128. 失饪[①]，不食。不时，不食。

（《论语·乡党》）

‖ 释义

① 失饪：指烹饪失时，或生或过熟。

‖ 解说

孔子不吃烹煮不当的食物，不到吃饭的时间也不吃。

129. 惟酒无量，不及乱。

（《论语·乡党》）

‖ 解说

孔子主张喝酒根据酒量大小，以不醉为界限。

130. 沽酒市脯不食[①]。

（《论语·乡党》）

‖ 释义

① 沽：买。市，集市。指从集市购买。

解说

孔子不吃买来的酒肉。现在的加工食物吃的时候更须谨慎。

131. 降年有永有不永[1]，非天夭民，民中绝命。

（《尚书·高宗肜日》）

释义

① 永：长。

解说

古人认为人的寿命有长有短，并不是老天要让人短命，而是人不修义造成的。义是宜的意思。所谓宜，就是合宜，符合事理。合理的生活方式就是宜。

132. 五色令人目盲[1]，五音令人耳聋[2]，五味令人口爽[3]，驰骋畋猎令人心发狂[4]，难得之货令人行妨[5]。是以圣人为腹不为目[6]，故去彼取此。

（《老子》第十二章）

释义

① 五色：青、黄、赤、白、黑五种色彩，泛指各种色彩。

② 五音：宫、商、角、徵、羽五种音阶，泛指各种音乐。

③ 五味：酸、苦、甘、辛、咸五种味道，泛指各种味道。爽：伤。指味觉败坏。

④ 驰骋畋猎：骑马打猎。驰骋，骑马奔跑，形容纵情。狂：狂躁。

⑤ 难得之货：指金银珠宝等轻易不能获得的东西。行妨：做坏事。妨，害。

⑥ 为腹：吃饱肚子，指满足基本的物质需求。为目：指纵情声色犬马之娱。

解说

五颜六色令人眼花缭乱，各种音乐令人听力模糊，各种美味令人味觉败坏，骑马打猎令人心情狂躁，金银珠宝令人做坏事。所以圣人只满足基本的物质需求，不纵情声色犬马。

以物养己，是满足基本的生存需要。以物役己，是用物来奴役自己，是人的本性的异化。老子意识到，社会生产力的提高，人类物质生活的发展，会激发人的物欲，使人失去纯真的本性。人一旦失去真性，将会离“道”更远。越去追求非本质需要的东西，人就会越不重视本质。对物质的追求，不仅对人性造成破坏，也对自然造成破坏。清心寡欲是对人性和自然最好的保护。

133. 出生入死[①]。生之徒十有三，死之徒十有三，人之生，动之死地，亦十有三。夫何故？以其生生之厚。

（《老子》第五十章）

释义

① **出：指生命的开始。入：指生命的结束。**

解说

生命都是从出生走向死亡。自然生长的占十分之三，自然死亡的占十分之三，人们因为求生，妄动而死亡的占十分之三。什么缘故？因为他们求生过度。

生死是自然的，生命从出生走向死亡是自然规律。过分养生违背了生命的自然，“动之死地”，是因为“生生之厚”。“无死地”是视生死为自然的最好解释。道家是突破生死的时间界限的，所谓生与死，不过是形式的转换而已，本无所谓生，也无所谓死，即庄子所说死生存亡之一体。庄子所说的“吾丧我”，把人分成形而上和形而下的，“吾”属形而上，“我”属形而下。从形而下来说，有所谓死，从形而上来说，无所谓死。这与儒家局限于现实人生有着哲学与非哲学的区别。老子用生死问题论述“道”，符合“道”就“无死地”。河上公释“十三”为人的九窍四关，范应元解释万物生之数与死之数相加为十三，皆不确。

134. 滋味声色①，过则伤性。

（《左传·昭公二十五年》晋杜预注）

释义

① 滋味：指酸、咸、辛、苦、甘五味。声：指宫、商、角、徵、羽五声。色：指青、黄、赤、白、黑五色。

解说

大自然用气味声色来滋养人，不得过度，过度会伤害人的本性。

修身第八

八

135. 曾子曰："吾日三省吾身[1]：为人谋而不忠乎？与朋友交而不信乎？传不习乎？"

（《论语・学而》）

释义

① 省（xǐng）：反省，检查。

解说

曾子说，我每天多次检查自己，给人帮忙出主意是不是发自内心的真诚？与朋友交往是不是讲诚信？对工作学习是不是认真练习认真学习？

136. 子曰："君子坦荡荡，小人长戚戚。"

（《论语・述而》）

解说

孔子认为君子胸怀宽广，追求远大的目标，没有什么忧虑；而小人目光短浅，为了眼前的琐事而终日苦闷。

137. 孔子曰："君子有三畏：畏天命，畏大人，畏圣人之言。小人不知天命而不畏也，狎大人，侮圣人之言。"

（《论语・季氏》）

解说

孔子认为君子对天命、大人和圣人之言都要敬畏，因为天命是大自然的规律，人无法逃脱，应该顺从；大人是地位高的人，敬畏大人可以得到帮助；圣人的话是至理名言，不按圣人的言语去做，就会有灾祸。

138. 子曰："……人而不仁，疾之已甚，乱也。"

（《论语·泰伯》）

‖ 解说

孔子说，人如果不仁，如果过于憎恶，会产生祸乱。《弟子规》说人有短，切莫揭；扬人恶，即是恶。

139. 子曰："君子疾没世而名不称焉。"

（《论语·卫灵公》）

‖ 解说

孔子说，君子最忌讳的是一生没有好名声。

140. 子曰："……智者乐，仁者寿。"

（《论语·雍也》）

‖ 解说

孔子说，心灵聪慧的人快乐，心地仁慈的人健康长寿。

141. 子曰："君子上达①，小人下达②。"

（《论语·宪问》）

‖ 释义

① 上达：指仁义。

② 下达：指财利。

‖ 解说

孔子说，君子追求高尚的精神境界，小人追求低俗的物质享受。

142. 子曰：“人无远虑，必有近忧。”

（《论语·卫灵公》）

解说

孔子说，人对事情如果没有长远的谋划，必定随时随地有忧愁。

143. 子曰：“躬自厚而薄责于人，则远怨矣。”

（《论语·卫灵公》）

解说

孔子说，一个人努力提高自己，对别人少有要求，就会远离怨恨。

144. 子曰：“见贤思齐焉，见不贤而内自省也。”

（《论语·里仁》）

解说

孔子说，见到好的人和事想到与之看齐，见到不好的人和事自我检查有没有和他一样的错。

145. 子绝四：毋意，毋必，毋固，毋我。

（《论语·子罕》）

解说

孔子杜绝四种行为：主观臆测，我行我素，固执不通，独自尊大。

146. 礼人而不答，则反其敬。……治人而不治，则反其知。

（《穀梁传·僖公二十二年》）

‖ 解说

对人讲礼貌而别人不理睬，要反思自己是不是充满崇敬。……管理别人而别人不服你管，要反思自己是不是智慧够不够。

147. 爱人而不亲，则反其仁。

（《穀梁传·僖公二十二年》）

‖ 解说

对人友爱而别人不亲近你，要反思自己是不是内心真有爱心。

148. 君子体仁足以长人①，嘉会足以合礼②，利物足以和义，贞固足以干事③。

（《周易·文言》）

‖ 释义

① 君子：有德行有地位的人。

② 嘉：美好。

③ 贞：正。

‖ 解说

君子效法天的元、亨、利、贞四种德性，身含仁道足以受人尊重，使万物嘉美集会足以合乎礼，利益万物足以合乎义，坚定守正足以成事。

149. 君子进德修业，欲及时也，故无咎。

（《周易·文言》）

‖ 解说

君子要及时培养美好的品德，做成长久的事业，这样就不会有灾祸。

150. 乾乾因其时而惕①，虽危无咎矣。

（《周易·文言》）

释义

① 乾乾：出自《易经·乾卦》九三爻辞“君子终日乾乾”。乾乾即健健，指不懈倦。

解说

终日勤勉努力，心存忧患，即使有危难也不会形成灾祸。

151. 君子敬以直内①，义以方外②，敬义立而德不孤③。

（《周易·文言》）

释义

① 直：端正。

② 方：指约束。

③ 义：合理，合宜。

解说

君子内心恭敬，处理事情依据道理，所以受到众人的拥戴。

152. 知进退存亡而不失其正者，其唯圣人乎①！

（《周易·文言》）

释义

① 圣人：“圣”的繁体字写作“聖”，指耳朵善于听、嘴巴善于表达的人，即聪明又通事理的人。

解说

圣人能够把握万事万物的规律，能正确处理各种事情。

153. 君子以多识前言往行，以畜其德。

（《周易·大畜卦》象辞）

‖ 解说

君子通过多多了解和考察前人的言论和过往的事件，来积蓄自己的知识，提升自己的素养。

154. 君子以见善则迁，有过则改。

（《周易·益卦》象辞）

‖ 解说

君子见到好事就去做，犯了错误及时改正。

155. 子曰："君子安其身而后动，易其心而后语，定其交而后求，君子修此三者，故全也。"

（《周易·系辞下》）

‖ 解说

孔子说，君子先使身体安稳然后才行动，先使心境平和然后才说话，先确定有交情然后才寻求帮助，力求做到这三点，所以能保全自身没有灾祸。

156. 晏子曰："君子谢过以质，小人谢过以文。"

（《穀梁传·定公十年》晋范宁注）

‖ 解说

晏子说，君子对于自己的过错勇于承认，实事求是；小人则对自己的过错找理由辩解，文过饰非。

157. 汝惟不矜[①]，天下莫与汝争能；汝惟不伐[②]，天下莫与汝争功。

（《尚书·大禹谟》）

‖ 释义

① 汝：你。矜：自认为有才。

② 伐：自夸有功。

‖ 解说

上古的舜帝称赞大禹：正因为你不自认为有才能，不夸耀自己有功劳，所以你的才能和功劳天下没有人与你争。与《老子》说的“后其身而身先，外其身而身存”以及“夫惟不争，故天下莫能与之争”意思相近。

158. 凡人以善自劝[①]，则善事多。若以忧自劝，则忧来众。

（《尚书·盘庚中》唐孔颖达正义）

‖ 释义

① 劝：鼓励。

‖ 解说

人总是用好事鼓励自己，好事就多。总是想忧愁的事，忧愁就会多。佛家说境随心转，此言不虚。

159. 福在幽冥，无形可见，敬用五事，则能致之。

（《尚书·洪范》唐孔颖达正义）

‖ 解说

福在幽暗无形之中，人敬重自己仪容、言语、看、听、思考的五种行为标准，福就会来到。

160. 玩人丧德，玩物丧志。

（《尚书·旅獒》）

‖ 解说

玩弄别人丧失道德，玩弄器物丧失志气。今日有人因玩手机而丧命，痛心啊！

161. 若生子，罔不在厥初生[1]，自贻哲命[2]。

（《尚书·召诰》）

‖ 释义

① 罔：无。厥：其。

② 贻：指获得。哲：智。

‖ 解说

小孩子的善恶在于小时候耳濡目染的行为，做好事，会获得智慧之命。

162. 君子之事，劳心与形，盘于游畋，形之逸也；无为而治，心之逸也。君子无形逸，而有心逸。既知稼穑之艰难，可以谋心逸也。

（《尚书·无逸》唐孔颖达正义）

‖ 解说

逸有两种：形逸和心逸。忙于游乐和田猎，是形体的安逸；无为而治，无为不是不为，是指不人为，意为按规律办事，是心灵的安逸。一个人经历艰难困苦后可以谋求心灵的安逸。

163. 致乐以治心，则易直子谅之心油然生矣[1]。

（《礼记·祭义》）

‖ 释义

① 易：平和。直：正直。子：慈爱。谅：诚信。

‖ 解说

用乐来治理内心，平和、正直、慈爱、诚信的心性就产生了。

164. 诚身有道，不明乎善，不诚乎身矣。

（《礼记·中庸》）

解说

使自己诚心有途径，不明白什么是善，不能使自己有诚心。

165. 故君子不可以不修身；思修身，不可以不事亲；思事亲，不可以不知人；思知人，不可以不知天。

（《礼记·中庸》）

解说

君子不能不修养自身，想修养自身，不能不侍奉父母；想侍奉父母，不能不了解人；想了解人，不能不了解大自然的道理。

166. 博学之，审问之，慎思之，明辨之，笃行之①。

（《礼记·中庸》）

释义

① 笃：切实。

解说

一个人要提高自己，学习知识要广博，请教问题要弄清楚，思考要缜密，辨析要明白，行动要踏实。

167. 君子之道：淡而不厌①，简而文，温而理，知远之近，知风之自②，知微之显，可与入德矣。

（《礼记·中庸》）

释义

① 厌：止，倦。

② 自：来。

解说

君子的为人之道，追求淡泊而不停止，简朴而内含文采，温和而合乎事理，知道事物的发展趋向，知道风气如何形成，知道事物如何从微小走向显著，可以与圣人的德行媲美。

168. 君子不失足于人，不失色于人，不失口于人。是故君子貌足畏也，色足惮也，言足信也。

（《礼记·表记》）

‖ 解说

君子面对别人，举动没有什么不得体，神色没有什么不合适，言语没有什么不恰当，所以君子的外貌、神色足以让人敬畏，言语足以让人相信。

169. 子曰："君子庄敬日强，安肆日偷[①]。君子不以一日使其躬儳焉[②]，如不终日。"

（《礼记·表记》）

‖ 释义

① 肆：放纵。偷：苟且，得过且过，做事马虎。

② 儳（chàn）：轻浮不庄重。

‖ 解说

孔子认为，君子凡事恭敬就会日益进步变得强大，放纵自己就会日益得过且过。君子不能一天轻浮让人看不起，否则一天都过不下去。

170. 孔子侍，曰："儒有席上之珍以待聘，夙夜强学以待问，怀忠信以待举，力行以待取，其自立有如此者。"

（《礼记·儒行》）

‖ 解说

这是一个读书人的标准。孔子认为，儒者如席上的珍宝等待别人聘问，从早到晚努力学习等待别人请教，心怀忠诚和诚信等待别人推举，身体力行等待别人取用，一个儒者有修身自立像这样的。

171. 儒有居处齐难[①]，其坐起恭敬；言必先信，行必中正；道涂不争险易之利，冬夏不争阴阳之和；爱其死以有待也，养其身以有为也。其备豫有如此者。

（《礼记·儒行》）

释义

① 齐：通“斋”。齐难指庄重、敬慎。

解说

儒者平日在家，也庄重敬慎；言语必定讲信用，行为必定合规矩；走路不与人争走平坦的道路，冬天夏天不与人争温暖或凉爽的住处；珍惜生命，等待发挥作用；保养身体，为了有所作为。儒者有事先预备这样做的。

172. 儒有不宝金玉，而忠信以为宝；不祈土地[①]，立义以为土地；不祈多积，多文以为富；难得而易禄也，易禄而难畜也。非时不见，不亦难得乎？非义不合，不亦难畜乎？先劳而后禄，不亦易禄乎？其近人有如此者。

（《礼记·儒行》）

释义

① 祈：求。

解说

不以金玉为宝，而以忠信为宝；不求积累财富，以知识渊博为富有；难以得到而看轻利禄，但是难以留住。不合时宜不肯相见，不是难得吗？不合道义不肯合作，不是难留吗？先做事再接受利禄，不是看轻利禄吗？

173. 儒有可亲而不可劫也，可近而不可迫也，可杀而不可辱也。其居处不淫[①]，其饮食不溽[②]，其过失可微辨而不可面数也[③]。其刚毅有如此者。

（《礼记·儒行》）

‖ 释义

① 淫：过分。

② 溽（rù）：厚。

③ 数：数落，责备。

‖ 解说

儒者可以亲近但不可以威胁，可以亲近但不可以逼迫，可以被杀但不可以受侮辱，住处不追求奢侈，饮食不讲究丰厚，有过错可以私下辨正但不可以当面指责。儒者有像这样刚毅的。

174. 儒有忠信以为甲胄[①]，礼义以为干橹[②]，戴仁而行，抱义而处；虽有暴政，不更其所。其自立有如此者。

（《礼记·儒行》）

‖ 释义

① 甲：铠甲。胄：头盔。

② 干：小盾牌。橹：大盾牌。

‖ 解说

儒者用忠信和礼义作为防身器具，无论行走还是独居，仁义不离身；即使遇到暴政，也不改变自己的操守。儒者有这样立身处世的。

175. 儒有博学而不穷，笃行而不倦，幽居而不淫，上通而不困；礼之以和为贵，忠信之美，优游之法[①]；举贤而容众，

毁方而瓦合[②]。其宽裕有如此者。

（《礼记·儒行》）

‖ 释义

① 优游：和柔。

② 方：指棱角。瓦合：与瓦器相合。

‖ 解说

儒者有学识广博仍不停止，努力施行而不疲倦，独处的时候做事不过分，仕途通达不因为道德不足而困窘，遵守礼仪以和为贵，以忠信为美德，以和柔为法则；推举贤人而能容纳众人，磨去自己的棱角与普通民众相合。儒者的胸怀有这样宽广的。

176. 儒有闻善以相告也，见善以相示也，爵位相先也，患难相死也，久相待也，远相致也。其任举有如此者。

（《礼记·儒行》）

‖ 解说

儒者对待朋友，听到好事告诉他，看到好事指给他看，爵位面前互相谦让，患难面前争相捐躯，朋友长期不得志愿意等待他一同出仕，朋友在远方想办法招来。儒者有这样推举朋友的。

177. 行无求数有名，事无求数有成，身言之，后人扬之；身行之，后人秉之，君子终身守此惮惮[①]。

（《大戴礼记·曾子立事》）

‖ 释义

① 惮（dàn）惮：恐惧的样子。

‖ 解说

君子做事不求很快成名，行事不求快速成功；所说的话，后人称颂它；所做的事，后人秉承它，君子终身坚守这些标准而惶恐不安。

178. 君子不绝小不殄微也[①]，行自微也不微人，人知之则愿也，人不知苟吾自知也，君子终身守此勿勿也。

（《大戴礼记·曾子立事》）

‖ 释义

① 殄（tiǎn）：灭绝。

‖ 解说

君子不认为小善无益而不去做，对别人做的好事不因为微小而掩藏；自己做好事不想别人知道，别人做的好事一定不隐藏；别人了解自己，就思考自己哪些地方没做好；别人不了解自己，急于反思自己存在的问题。君子终身坚守这些标准而不断努力。

179. 君子祸之为患，辱之为畏，见善恐不得与焉，见不善者恐其及己也，是故君子疑以终身[①]。

（《大戴礼记·曾子立事》）

‖ 释义

① 疑：恐惧。

‖ 解说

君子担忧灾祸发生，害怕受到侮辱，见到好事唯恐不能参与，见到坏事唯恐自身存在，因此君子终身担心这些事。

180. 忿数者[①]，狱之所由生也；距谏者[②]，虑之所以塞也。

（《大戴礼记·子张问入官》）

‖ 释义

① 忿：愤怒，生气。

② 距：通“拒”。拒绝。

解说

因愤怒而责备，争讼就由此产生；拒绝进谏，思虑就因此闭塞。

181. 广而俭[①]，文而有礼。

（《左传·僖公二十三年》）

释义

① 俭：节俭，约束。

解说

这本是评价晋文公重耳的话，意思是说晋文公志向广大而能约束自己，有才华而能遵行礼节。志向广大的人，容易奢侈放纵；有才华的人，容易傲慢不遵守礼仪。两全其美，可作为今日修身的标准。

182. 耳不听五声之和为聋，目不别五色之章为昧[①]，心不则德义之经为顽[②]，口不道忠信之言为嚚[③]。

（《左传·僖公二十四年》）

释义

① 章：色彩。则：效法。

② 经：常理。

③ 嚚（yín）：奸诈。

解说

古人认为这是四种奸邪的行为。可以理解为不善于听取意见，不能明辨是非，不遵守道德义理，不说忠诚真实的话语，是四种邪恶。

快乐第九

九

183. 孟子曰："君子有三乐，而王天下不与存焉。父母俱存，兄弟无故，一乐也。仰不愧于天，俯不怍于人，二乐也。得天下英才而教育之，三乐也。"

（《孟子·尽心上》）

解说

孟子认为，人有三大快乐：一是家庭父母健在，兄弟姊妹关系和谐；二是做人做事对老天、对别人没有惭愧；三是得到具有大才大德资质的人进行教育。这些快乐，即使享有天下的快乐也不算在里面（意思是无法比）。

184. 易直子谅之心生则乐，乐则安，安则久。

（《礼记·祭义》）

解说

平和、正直、慈爱、诚信的心情一产生就会快乐，快乐就会安宁，安宁就能长久。

185. 子曰："知者乐水，仁者乐山。"

（《论语·雍也》）

解说

孔子说，智者喜欢运才智治理世事，如水流动而不停止；仁者喜欢像大山一样安固，自然不动而万物生长。

行为第十

十

186. 孔子曰："君子有九思：视思明，听思聪，色思温，貌思恭，言思忠，事思敬，疑思问，忿思难，见得思义。"

（《论语·季氏》）

解说

孔子教导我们，要随时思考这些问题：看要看得明白，听要听得清楚，脸色要温和，态度要恭敬，言语要忠诚，做事要敬业，有疑难要请教，生气发怒要考虑灾难，得到什么要考虑是否合乎道理。

187. 曾子曰："君子思不出其位。"

（《论语·宪问》）

解说

曾子说一个人幻想、空想不宜太多，要执事敬，思考问题符合自己的身份地位。

188. 孔子曰："君子有三戒：少之时，血气未定，戒之在色；及其壮也，血气方刚，戒之在斗；及其老也，血气既衰，戒之在得。"

（《论语·季氏》）

解说

孔子说人生不同阶段要戒除的是：少年时期因身体气血没有稳定，要戒除情欲的躁动，防止伤身；壮年时期气血旺盛，要戒除打斗，防止失手伤人性命；老年时期气血衰退，要戒除贪欲。

189. 子曰："一朝之忿忘其身以及其亲，非惑与？"

（《论语·颜渊》）

解说

孔子教育我们遇事要冷静。由于一时的气愤酿成大错，连累父母，不是糊涂吗？

190. 子曰："仁者不忧，知者不惑，勇者不惧。"

（《论语·宪问》）

解说

孔子说，仁爱的人胸怀宽广，没有什么忧愁；聪明的人明白事理，遇事不糊涂；勇敢的人充满正义，没有什么畏惧。

191. 君子恶恶疾其始①，善善乐其终。

（《穀梁传·僖公十七年》）

释义

① 恶（wù）：讨厌，憎恨。恶（è）：罪过，罪恶。

解说

君子憎恶坏人坏事，一开始就憎恶；褒奖好人好事，乐意坚持到底。另一种解释是君子对坏人坏事不记恨终生，对好人好事则终身不忘，滴水之恩涌泉相报。

192. 孟子曰："恭者不侮人，俭者不夺人①。"

（《孟子·离娄上》）

释义

① 俭：自我约束。

解说

孟子说，恭敬的人不欺侮别人，自我约束的人不抢占别人的东西。

193. 权者何？权者反于经，然后有善者也。……行权有道，自贬损以行权，不害人以行权。

（《公羊传·桓公十一年》）

解说

权变与常规相反，使事情朝好的方面发展。权变可以牺牲自己的利益，但决不可以害人。

194. 天下难事必作于易，天下大事必作于细。

（《老子》第六十三章）

解说

难事必从容易的事情做起，大事必从细小的事情做起。凡事皆要打好基础。

195. 初九：潜龙勿用。

（《周易·乾卦》初爻爻辞）

解说

事物的初始阶段，应当像潜藏的龙一样，积蓄力量，不发挥作用。

196. 九二：见龙在田，利见大人。

（《周易·乾卦》二爻爻辞）

‖ 解说

所做的事情打好了基础，像龙可以出来活动，可以寻求外界的帮助和大人物的支持。

197. 九三：君子终日乾乾，夕惕若厉，无咎。

（《周易·乾卦》三爻爻辞）

‖ 解说

事情发展到中间阶段，要不断努力，小心谨慎，好像遇到危险，才能不出差错，没有灾祸。

198. 九四：或跃在渊，无咎。

（《周易·乾卦》四爻爻辞）

‖ 解说

事情接近成功，可以试试去实现，像龙在深渊跳跃，没有灾祸。

199. 九五：飞龙在天，利见大人。

（《周易·乾卦》五爻爻辞）

‖ 解说

事情已经成功，目标已经实现，可以公布于世，像龙在空中自由飞翔。身居高位，要考虑安全着陆。九五代表高位，所谓“九五之尊”，即使是以此命名的香烟，也会使官员落马。

200. 上九：亢龙有悔。

（《周易·乾卦》上爻爻辞）

‖ 解说

凡事达到极致，会向反面转化，所谓高处不胜寒、乐极生悲。像龙飞到最高处，也后悔当初。

201. 初筮告，再三渎，渎则不告。

（《周易·蒙卦》卦辞）

‖ 解说

易经占问不可不诚信，所谓心诚则灵。初次占问显示灵验，如果反复占问则是亵渎，就不灵验。凡事皆如此。

202. 二人同心，其利断金。

（《周易·系辞上》）

‖ 解说

心心相印，锋利的程度可以截断金属。形容团结的力量很大。

203. 君子见几而作[①]，不俟终日[②]。

（《周易·系辞下》）

‖ 释义

① 几：事情的苗头。

② 俟：等待。

‖ 解说

君子见到机会马上采取行动，一天也不等待。

204. 训有之：内作色荒[①]，外作禽荒[②]。甘酒嗜音，峻宇雕墙。有一于此，未或不亡。

（《尚书·五子之歌》）

‖ 释义

① 色：指女色。

② 禽：指鸟兽，指田猎。荒：指迷乱。这是古代大禹的训诫。

‖ 解说

沉迷于女色、田猎、美酒、音乐、豪华别墅，只要有一样，必定灭亡。当今富贵者，仍当为戒。

205. 有其善，丧厥善①；矜其能②，丧厥功。

（《尚书·说命中》）

‖ 释义

① 厥：其。

② 矜：自夸。

‖ 解说

人可贵的是谦让，自认为做得好，自认为有才能，别人不以为好，不以为有才能，适得其反。

206. 舜美禹云：汝惟不矜①，天下莫与汝争能。汝惟不伐②，天下莫与汝争功。

（《尚书·说命中》唐孔颖达正义）

‖ 释义

① 矜：指持有。

② 伐：自夸。

‖ 解说

舜曾经称赞大禹不自夸自己的才能和功绩，天下人无人与他相比。

207. 虑善以动，动惟厥时①。

（《尚书·说命中》）

‖ 释义

① 厥：其。

‖ 解说

这是商代贤臣傅说对商王武丁的进言。考虑完善才行动，时机合适才行动。否则不可行动。

208. 同力度德①，同德度义。

（《尚书·泰誓上》）

释义

①度：比量。

解说

力量相同有德行的人能胜利，德行相同有道理的人能胜利。

209. 五事：一曰貌，二曰言，三曰视，四曰听，五曰思。貌曰恭，言曰从，视曰明，听曰聪，思曰睿。

（《尚书·洪范》）

解说

这是与人密切相关的五件事：仪容、言语、看、听、思考。行为标准是：仪表要求恭敬，言语要求可行，看要求看到清楚明白，听要求能明辨是非，思考要求达到精微。

210. 志以道宁，言以道接。

（《尚书·旅獒》）

解说

内心的想法为“志”，表达出来为“言”。想法合道理会心安，言语合道理可行动。

211. 不矜细行①，终累大德。

（《尚书·旅獒》）

释义

①矜：敬慎。

解说

不注意细小的行为，最终损害大的德行。

212. 功崇惟志①，业广惟勤。

（《尚书·周官》）

‖ 释义

① 崇：高。

‖ 解说

广大的功业，只有意志坚强正直，勤奋肯干才能实现。行为。

213. 贵不与骄期而骄自至，富不与侈期而侈自来。骄侈以行已，所以速亡。

（《尚书·周官》汉孔安国传）

‖ 解说

地位高的，不想骄傲但骄傲自来；富有的不想奢侈但奢侈自到。以骄傲、奢侈支配自己的行为，所以很快败亡。

214. 责人斯无难①，惟受责俾如流②，是惟艰哉！

（《尚书·秦誓》）

‖ 释义

① 斯：则，就。

② 俾：使。

‖ 解说

别人有过错，批评别人很容易。而自己有过错，接受别人的批评加以改正，从善如流，非常困难啊！

215. 毋不敬。

（《礼记·曲礼上》）

‖ 解说

凡事都要诚敬。民国印光大师说过：“一分诚敬得一分利益，十分诚敬得十分利益。”

216. 敖不可长，欲不可从，志不可满，乐不可极。

（《礼记·曲礼上》）

解说

人不可增长傲慢之心，不可放纵欲望，不可狂妄自大，不可极度享乐。否则自取其祸。

217. 君不密则失臣①，臣不密则失身，几事不密则害成，是以君子慎密而不出也。

（《周易·系辞上》）

释义

① 密：严密、周密。

解说

为人处世，不考虑周密就会被人疏远，事情失败，所以君子谨慎对待。

218. 善无常主，协于克一。

（《尚书·咸有一德》）

解说

善行也没有固定的标准，关键是能做到善始善终。毛泽东曾经说过：“一个人做点好事并不难，难的是一辈子做好事，不做坏事。”

219. 疑事毋质，直而勿有。

（《礼记·曲礼上》）

‖ 解说

对怀疑的事不要下肯定的结论，对于自己能定论的事要推给师友以示谦虚。

220. 君子戒慎，不失色于人。

（《礼记·曲礼上》）

‖ 解说

失色不是丢面子。意思是君子小心谨慎，防止内心所想与外在表情不一致，否则就是虚伪。

221. 君子之容舒迟，见所尊者齐遬①。

（《礼记·玉藻》）

‖ 释义

① 齐遬（zhāi sù）：谦敬的样子。齐，通“斋”。

‖ 解说

君子的神态娴雅，见到地位高的人要谦敬。

222. 足容重。手容恭。

（《礼记·玉藻》）

‖ 解说

君子抬脚的动作要缓慢稳重，举手的动作要高而且正。

223. 目容端。口容止。

（《礼记·玉藻》）

‖ 解说

君子的目光要端正不斜视，嘴巴不宜乱动，也指不随便说话。

224. 声容静。头容直。

（《礼记·玉藻》）

解说

君子的发声不宜咳嗽，头的姿态要端正，不低头不回顾。

225. 气容肃。立容德①。

（《礼记·玉藻》）

释义

①德：通“得”。

解说

君子的气息要肃静，听不出呼吸声；站立时身体稍稍前倾，好像接受别人授予东西。

226. 色容庄。坐如尸①。

（《礼记·玉藻》）

释义

①尸：祭祀的时候代死者接受祭祀的人。

解说

君子的面容庄重，坐的时候像“尸”一样端正。

227. 君子虑胜气，思而后动，论而后行，行必思言之，言之必思复之，思复之必思无悔言，亦可谓慎矣。

（《大戴礼记·曾子立事》）

解说

君子的谋虑克服情绪的冲动，想好了才行动，先研究才行动，所做的一定想到有道理可说，所说的一定要想到能得到验证，想得到验证一定要想到没有后悔的话，也可以算作是谨慎了。

228. 君子患难除之，财色远之，流言灭之。祸之所由生，自孅孅也[1]，是故君子夙绝之。

（《大戴礼记·曾子立事》）

‖ 释义

① 孅 (xiān) 孅：微小。

‖ 解说

君子遇到患难就消除它，遇到钱财女色就疏远它，遇到流言就消灭它。灾祸都是从细小的地方开始的，所以君子趁早根除它。

229. 君子好人之为善，而弗趣也；恶人之为不善，而弗疾也。疾其过而不补也，饰其美而不伐也；伐则不益，补则不改矣。

（《大戴礼记·曾子立事》）

‖ 解说

君子喜欢别人做好事，但是不催促人去做；憎恶别人做坏事，但是不憎恶过分；厌恶所犯的过失但不弥补其过错，赞扬人的美好但不使他骄傲；因为骄傲就不能再进步，弥补其过错就不会改正。

230. 君子不先人以恶，不疑人以不信，不说人之过，成人之美，存往者，在来者，朝有过夕改则与之，夕有过朝改则与之。

（《大戴礼记·曾子立事》）

‖ 解说

君子与人交往，不事先想到别人的坏处，不事先怀疑别人不讲诚信，不说别人的过错，成就别人的好事，不计较过去所做的事，而观察以后的所作所为，早上有过错晚上改正了就赞许他，晚上有过错早上改正了就赞许他。

231. 君子义则有常，善则有邻；见其一，冀其二；见其小，冀其大；苟有德焉，亦不求盈于人也。

（《大戴礼记·曾子立事》）

解说

君子的仪容有常度，做善事有亲邻；做一件好事，希望做第二件；做了小的好事，希望能做大的；假如做了一些好事，也不是想超过别人。

232. 男者任也，子者孳也，男子者，言任天地之道，如长万物之义也，故谓之丈夫。丈者长也，夫者扶也，言长万物也。知可为者，知不可为者，知可言者，知不可言者，知可行者，知不可行者。

（《大戴礼记·本命》）

解说

男子，男是担任的意思，子是滋生的意思，男子，是说担任如同天地长养万物的责任，所以叫作丈夫。丈是成长的意思，夫是扶持的意思，说的是长养万物的意思。知道什么是可以做的，知道什么是不可以做的，知道什么是可以说的，知道什么是不可以说的，知道什么是可以施行，什么是不可以施行的。

233. 君子不唱流言，不折辞，不陈人以其所能。言必有主，行必有法，亲人必有方。多知而无亲，博学而无方，好多

而无定者，君子弗与也。

（《大戴礼记·曾子立事》）

‖ 解说

君子不带头说流言蜚语，不挫败别人的言辞，不炫耀自己的才能。言论必定有主张，行动必定有法度，团结人必定有原则。知识丰富却无人亲近，学识广博却无方向，贪多务广却没有主见，这样的人，君子是不赞许的。

234. 三十四十之间而无艺，即无艺矣；五十而不以善闻矣；七十而无德，虽有微过，亦可以勉矣。其少不讽诵，其壮不论议，其老不教诲，亦可谓无业之人矣。

（《大戴礼记·曾子立事》）

‖ 解说

人到了三四十岁，如果没有学问本领，那就算是没有学问本领了；五十岁就不能有什么好的东西出名了；七十岁若没有德行，即使有小过错可以原谅，也可以叫他退位了。少年时不读书学习，壮年时不议论事情出谋划策，老年时不教诲人，也可以算是无业游民了。

235. 五事：一曰貌，二曰言，三曰视，四曰听，五曰思。貌曰恭，言曰从，视曰明，听曰聪，思曰睿。

（《尚书·洪范》）

‖ 解说

人有五种事情：外貌、言语、看、听、思考。外貌讲究恭敬，言语讲究听从，观察要求明白，听取要求得当，思考要求微细。

236. 恭作肃，从作乂[①]，明作晢[②]，聪作谋，睿作圣。

（《尚书·洪范》）

释义

① 乂（yì）：治。

② 晢：通“哲”。

解说

外貌能恭顺，心就能肃敬也；言语可以听从，政事就一定能被治理好；视察能明白，就能做到洞察事理；听取能够得当，谋划就一定合理；思考能至细微，处理事情就会无不通彻，于是成为圣人。

237. 孟子曰：“求则得之，舍则失之，是求有益于得也，求在我者也。求之有道，得之有命，是求无益于得也，求在外者也。”

（《孟子·尽心章句上》）

解说

孟子说，努力求取就能得到，不努力求取就不能得到，是耕耘与收获相统一，由自己决定。求取虽然符合规律，但能否得到决定于客观处境，是耕耘与收获不统一，由外界决定，非人力所能为。

238. 君子务知大者、远者[①]，小人务知小者、近者。

（《左传·襄公三十一年》）

释义

① 务：力求。

解说

君子力求知道大的长远的事情，小人只力求知道小的眼前的事情。

239. 非知之实难，将在行之。

（《左传·昭公十年》）

‖ 解说

这是晋国上卿子皮对子羽说的。意思是知道并不太难，难的是做到。不害怕不知道，害怕做不到。

240. 需[①]，事之贼也[②]。

（《左传·哀公十四年》）

‖ 释义

① 需：迟疑，等待。

② 贼：害。

‖ 解说

行动迟疑最坏事。

241. 君子之善善也长，恶恶也短。恶恶止其身，善善及子孙。

（《公羊传·昭公二十年》）

‖ 解说

上“善”“恶”字是动词。意思是君子善待好人好事的时间长，憎恶坏人坏事的时间短。憎恶坏人只限于某人，不迁怒别人；善待好人，延及子孙后代。

242. 君子恶恶疾其始，善善乐其终。

（《穀梁传·僖公十七年》）

解说

君子憎恶坏人坏事的开始，防止蔓延下去；善待好人好事，希望能坚持下去。

243. 正者，直方之间语，直其行，方其义[1]，人君当秉直心，仗大义，欲其常居正道，故月称正也。

（《穀梁传·隐公元年》唐杨士勋疏）

释义

① 方：通“仿”。仿效。

解说

这是古人对正月命名的解释，可见古人重名号的深意。正取其正直并且合义。意思是统治者心地要端正，行为依照道义。所以每年的第一个月叫正月。

言语第十一

十一

244. 子曰："可与言而不与言，失人。不可与言而与之言，失言。知者不失人，亦不失言。"

（《论语·卫灵公》）

解说

孔子说言语要慎重，说话要讲究艺术。可以交谈而不交谈，会错过与人结识的机会；不可交谈而与之交谈，浪费了自己的言语。聪明人既不失人也不失言。

245. 孔子曰："侍于君子有三愆[1]：言未及之而言谓之躁，言及之而不言谓之隐，未见颜色而言谓之瞽[2]。"

（《论语·季氏》）

释义

① 愆（qiān）：过失。

② 瞽（gǔ）：眼瞎。

解说

孔子认为与地位（或身份）比自己高的人交谈会有三种过失：不该说的时候急着说叫作急躁，该说的时候不说叫作隐匿，不看对方脸色说话叫作眼盲。

246. 子曰："君子不以言举人，不以人废言。"

（《论语·卫灵公》）

‖ 解说

孔子说，君子不因为一个人的言论而推荐别人，而要考虑德行；也不因为一个人的德行不好就不采用他的言论。

247. 子贡曰："君子一言以为知，一言以为不知，言不可不慎也。"

（《论语・子张》）

‖ 解说

孔子弟子子贡说，君子说话要谨慎，一句话说得对，别人会认为你有知识有智慧；一句话说得不对，别人会认为你没有知识没有智慧。

248. 孔子曰："……不知言，无以知人也。"

（《论语・尧曰》）

‖ 解说

孔子认为人不能分辨别人言语的是非，就无法了解别人。

249. 言行，君子之枢机①。

（《周易・系辞上》）

‖ 释义

① 枢机：枢与机，比喻事物的关键部分。

‖ 解说

易经告诫我们，言行会产生是非，是成败的关键，不可不谨慎。

250. 安定辞①。

（《礼记・曲礼上》）

‖ 释义

① 辞：言辞。

‖ 解说

说话要经过谨慎思考，因为言语是事情成败的关键。

251. 子曰："言从而行之，则言不可饰也。行从而言之，则行不可饰也。"

（《礼记·缁衣》）

‖ 解说

孔子说按照说的去做，那么说的话就无法掩饰；按照做的去说，那么做的就无法掩饰。

252. 君子疑则不言，未问则不言，两问则不行其难者。

（《大戴礼记·曾子立事》）

‖ 解说

君子有疑问的事不说，别人没有提问不去说，同时问两个问题先回答容易的。

253. 可言而不信，宁无言也。君子终日言，不在尤之中①；小人一言，终身为罪。

（《大戴礼记·曾子立事》）

‖ 释义

① 尤：过错。

‖ 解说

可说的话却没有依据，宁可不说。君子整天说话，没有一句话是错的；小人说一句话，终身都是罪过。

254. 君子乱言而弗殖[①]，神言弗致也，道远日益云。众信弗主，灵言弗与[②]，人言不信不和。

（《大戴礼记·曾子立事》）

‖ 释义

① 殖：繁殖，指传播。

② 与：许，答应。

‖ 解说

君子对扰乱人心的话不去传播，鬼神的言论不去说，道的旨意深远，言语难以穷尽，君子每天都说。众人都相信的话不以自己为主，口头的空话不答应别人，别人没有根据的话不去附和。

255. 人言不善而不违，近于说其言；说于言，殆于以身近之也；殆于以身近之，殆于身之矣。

（《大戴礼记·曾子立事》）

‖ 解说

别人说不好的话而不远离他，似乎是喜欢他的话；喜欢他的话，几乎是自己接近不善了；自己接近不善，相当于亲自去做了。

256. 人言善而色葸焉[①]，近于不说其言；不说其言，殆于以身近之也；殆于以身近之，殆于身之矣。

（《大戴礼记·曾子立事》）

‖ 释义

① 葸（xǐ）：畏惧。

‖ 解说

别人说好话而显出畏惧的神色，似乎是不喜欢他的话，不喜欢他的话，几乎是自己接近不善，自己接近不善，相当于亲自去做了。

257. 孝子恶言死焉①，流言止焉，美言兴焉②，故恶言不出于口，烦言不及于己③。

（《大戴礼记·曾子本孝》）

释义

① 死：指灭绝。

② 兴：起，指传播。

③ 烦言：忿争之言。

解说

孝子对恶言加以灭绝，流言使它停止，美言让它传播，所以恶言不从嘴里说出，愤怒的言辞也不会加到他身上。

258. 君子以言有物而行有恒①。

（《周易·家人卦》象辞）

释义

① 恒：常。

解说

言行是君子立身的关键。君子说话和行动都要符合事情和事理。

礼仪第十二

十二

259. 夫礼者①，经天纬地②，本之则大一之初③；原始要终，体之乃人情之欲。

（《礼记正义·序》）

释义

① 礼：大指礼仪制度，小指行为规范。

② 经：织布的经线。纬：织布的纬线。

③ 大一：指天地未分之时。

解说

礼是包罗天地的，起源于天地未分之时；追本穷源从始到终，其本质是依据人情而制定的。

260. 夫礼者，经天地①，理人伦。

（《礼记正义·序》）

释义

① 经：经营，指治理。

解说

礼是人用来管理大自然、治理人际关系的准则。

261. 礼，经国家，定社稷①，序民人②，利后嗣者也。

（《左传·隐公十一年》）

释义

① 社稷：土神和谷神，指宗庙。

② 序：排列，指管理有序。

‖ 解说

礼是定国安邦，保护家园，使民众生活有序，有利于子孙后代的制度。

262. 礼仪三百，威仪三千①。

（《礼记·中庸》）

‖ 释义

① 威仪：具体的仪节。

‖ 解说

礼仪的纲要有三百条，礼仪的细目有三千条。形容古人重视礼仪。

263. 相鼠有皮①，人而无仪。人而无仪，不死何为？相鼠有体，人而无礼。人而无礼，胡不遄死②？

（《诗经·鄘风·相鼠》）

‖ 释义

① 相：察看。

② 遄（chuán）：快速。

‖ 解说

看那老鼠有皮有肉体，而人的行为不讲礼仪，不死干什么？还不快快去死。

264. 度德而处之，量力而行之，相时而动，无累后人，可谓知礼矣。

（《左传·隐公十一年》）

‖ 解说

这是古人评价郑庄公的话，是对知礼的一种见解。意思是能根据自己的品德来处事，根据自己的力量去做事，观察时机而行动，不连累后来的人，可以说是懂得礼了。

265. 孔子曰："不知礼，无以立也。"

（《论语·尧曰》）

‖ 解说

孔子认为人不懂礼仪礼节，无法立身处世。

266. 故不爱其亲而爱他人者，谓之悖德；不敬其亲而敬他人者，谓之悖礼。

（《孝经·圣治章》）

‖ 解说

子女与父母是天然的关系，恩爱孝敬是自然的本性。子女不爱敬父母而爱敬他人，违背了道德和礼仪。

267. 相下相尊，君子之所以相接也。

（《仪礼·乡射礼》汉郑玄注）

‖ 解说

自己谦恭，尊重对方，这是君子与人打交道的方式方法。

268. 人有礼则安，无礼则危。

（《礼记·曲礼上》）

‖ 解说

人的言行合乎礼仪就会平安，不合乎礼仪将会有灾祸。

269. 凡视，上于面则敖[1]，下于带则忧，倾则奸[2]。

（《礼记·曲礼下》）

‖ 释义

① 敖：骄傲。

② 奸：不正。

‖ 解说

这是日常交往的礼仪细节。意思是与人相处交谈，目光高过对方的脸显露出傲气，低于腰带显露出忧愁，斜视显示出心术不正。

270. 故圣人之所以治人七情，修十义，讲信修睦，尚辞让，去争夺，舍礼何以治之？

（《礼记·礼运》）

‖ 解说

管控人的七种情感，培养人的十种道义，构建诚信和谐礼让的社会风气，不用"礼"来规范是无法做到的。

271. 饮食男女，人之大欲存焉。死亡贫苦，人之大恶存焉。故欲恶者，心之大端也。人藏其心，不可测度也。美恶皆在其心，不见其色也，欲一以穷之，舍礼何以哉？

（《礼记·礼运》）

‖ 解说

饮食男女，是人最大的欲望；死亡贫苦，是人最憎恶的事情。而人心最难测度，不用"礼"来规范，人的行为会失去准则。

272. 君子曰："礼乐不可斯须去身[1]。"

（《礼记·祭义》）

释义

① 斯须：片刻。

解说

君子说，礼和乐作用之大，君子片刻不能离身。

273. 致礼以治躬则庄敬，庄敬则严威。

（《礼记·祭义》）

解说

用礼仪治身就会使人庄重恭敬，庄重恭敬就会有威严。

274. 心中斯须不和不乐，而鄙诈之心入之矣；外貌斯须不庄不敬，而慢易之心入之矣。

（《礼记·祭义》）

解说

内心片刻不平和不快乐，卑鄙狡诈的心理就会乘机而入；外貌有片刻不庄重不恭敬，傲慢轻忽的心理就会乘机而入。

275. 故乐也者，动于内者也。礼也者，动于外者也。

（《礼记·祭义》）

解说

音乐作用于人的内心，礼仪作用于人的外表。

276. 乐极和，礼极顺。内和而外顺，则民瞻其颜色而不与争也，望其容貌而众不生慢易焉。

（《礼记·祭义》）

解说

音乐的作用是达到心境平和，礼仪的作用是达到外表和顺。

做到了内和外顺，别人见了不会起争斗之心，不会起傲慢轻忽之心。

277. 故朝觐之礼，所以明君臣之义也；聘问之礼，所以使诸侯相尊敬也；丧祭之礼，所以明臣子之恩也；乡饮酒之礼，所以明长幼之序也；昏姻之礼，所以明男女之别也。

（《礼记·经解》）

‖ 解说

朝见的礼仪，是用来明确君臣的道义的；聘问的礼仪，是用来使诸侯互相尊敬的；丧祭的礼仪，是用来表明人臣人子的恩情的；乡饮酒的礼仪，是用来表明长幼的次序的；婚姻的礼仪，是用来表明夫妻的区别的。

278. 故昏姻之礼废，则夫妇之道苦，而淫辟之罪多矣；乡饮酒之礼废，则长幼之序失，而争斗之狱繁矣；丧祭之礼废，则臣子之恩薄，而倍死忘生者众矣；聘、觐之礼废，则君臣之位失，诸侯之行恶，而倍畔、侵陵之败起矣。

（《礼记·经解》）

‖ 解说

婚姻的礼仪废弃了，夫妻的关系就难以处理好，淫乱的罪过就多了；乡饮酒的礼仪废弃了，长幼的次序就乱了，争斗的案件就多了；丧祭的礼仪废弃了，人臣人子的恩情就淡薄了，背弃死者忘记生者的人就多了；聘问、朝见的礼仪废弃了，诸侯的行为就败坏了，背叛、欺凌的坏事就兴起了。

279. 夫礼，禁乱之所由生，犹坊止水之所自来也。故以旧

坊为无所用而坏之者，必有水败；以旧礼为无所用而去之者，必有乱患。

（《礼记·经解》）

解说

礼仪是用来禁止祸乱产生的，犹如堤坝是用来防水的。所以认为旧日的堤坝没有用而毁坏掉的，一定会发生水灾；认为古旧的礼仪没有用而去掉的，必定会产生祸乱。

280. 礼之教化也微，其止邪也于未形，使人日徙善远罪而不自知也，是以先王隆之也。

（《礼记·经解》）

解说

礼的教化作用很微妙，能在邪恶没有形成时就制止住，使人一天天变得善良远离罪恶而自己不知道，所以古代的帝王崇尚它。

281. 孔子曰："……民之所由生，礼为大。非礼无以节事天地之神也，非礼无以辨君臣、上下、长幼之位也，非礼无以别男女、父子、兄弟之亲，昏姻疏数之交也。君子以此之为尊敬然。"

（《礼记·哀公问》）

解说

孔子说，民众赖以生存的东西，礼是最大的。没有礼，无法侍奉天地鬼神，无法分辨君臣、上下、长幼的地位，无法分别男女、父子、兄弟的情，无法区分婚姻关系以及关系亲密和疏远，因此君子非常敬重礼。

282. 子曰："敬而不中礼谓之野，恭而不中礼谓之给[①]，勇而不中礼谓之逆。"

（《礼记·仲尼燕居》）

‖ 释义

① 给：伪巧。

‖ 解说

孔子说，诚敬而不合礼仪叫作粗野，恭敬而不合礼仪叫作伪巧，勇敢而不合礼仪叫作叛逆。

283. 子云："君子贵人而贱己，先人而后己，则民作让。"

（《礼记·坊记》）

‖ 解说

孔子说，领导者看重别人而看轻自己，先考虑别人后考虑自己，人民就会懂得礼让。

284. 子云："有国家者，贵人而贱禄，则民兴让。"

（《礼记·坊记》）

‖ 解说

孔子说，享有国家的人，看重人民而看轻利益待遇，人民就懂得礼让。

285. 子曰："夫民，教之以德，齐之以礼，则民有格心[①]；教之以政，齐之以刑，则民有遯心[②]。"

（《礼记·缁衣》）

‖ 释义

① 格：规范，规矩。

② 遯 (dùn)：同"遁"。逃。

‖ 解说

孔子说，用道德去教育民众，用礼仪去统一民众的行为，民众就有守规矩的心理；用政令去指使百姓，用刑法去统一行为，民众就有逃脱刑罚的心理。

286. 成人在始与善，始与善，善进善，不善蔑由至矣。始与不善，不善进，善亦蔑由至矣。

（《国语·晋语》）

‖ 解说

古代二十岁举行成人礼。在刚成年的时段，做什么最重要，不断做善事，不善的事就不会去做。假如不断做不善的事，善的事就不会去做。

287. 凡人之知，能见已然，不能见将然。礼者禁于将然之前，而法者禁于已然之后，是故法之用易见，而礼之所为生难知也。

（《大戴礼记·礼察》）

‖ 解说

大凡人的智慧，能知道已经发生的事，不能知道将要发生的事。礼是坏事发生之前加以禁止，法是坏事发生之后加以惩罚，所以法的作用显而易见，而礼使人赖以生存的作用很难知晓。

288. 尽力无礼，则小人也；致敬而不忠，则不入也。是故礼以将其力，敬以入其忠，饮食移味，居处温愉，着心于此，济其志也。

（《大戴礼记·曾子立孝》）

‖ 解说

竭尽其力却没有礼仪，就是小人；表达敬爱而不发自内心，就不能进入父母的内心。所以通过礼仪传送自己所尽的力量，通过爱敬进入到父女的内心，饮食时常改变口味，居住的地方温暖愉快，在这些方面用心，来完成自己的心愿。

289.《书》曰："欲败度，纵败礼。"

（《左传·昭公十年》）

‖ 解说

《尚书》说，放纵情欲，败坏礼仪法度。

290. 礼，修己而不责人[①]。

（《左传·昭公十四年》）

‖ 释义

① 责：求。

‖ 解说

礼是用来修养自己而不是要求别人的。

291. 唯礼可以贵身，贵身故尚礼。

（《左传·昭公二十五年》晋杜预注）

‖ 解说

古人认为要提高自己的身价，就必须崇尚礼仪。

292. 礼是仪之心，仪是礼之貌。本其心，谓之礼，察其貌，谓之仪。行礼必为仪，为仪未是礼。

（《左传·昭公二十五年》唐孔颖达正义）

‖ 解说

这是古人对"礼"与"仪"的区别的认识。意思是礼出自内心的诚敬，仪是外表的表现。礼一定要通过仪来表现，但仪未必是礼。

293. **礼乐者，君子之深教也，不可须臾离也[1]。君子须臾离礼，则暴慢袭之；须臾离乐，则奸邪入之。**

（《公羊传·隐公五年》汉何休注）

释义

① 须臾：片刻。

解说

礼和乐，是君子内心深处的教养，不可片刻离开。离开了，凶暴、傲慢、奸邪就会侵入内心。

交往第十三

十三

294. 君子不尽人之欢，不竭人之忠，以全交也。

（《礼记·曲礼上》）

解说

君子不把别人对自己的忠诚和热情用尽，以保持长久的交情。俗话说不把别人的客气当作自己的福气。

295. 子曰：“无友不如己者。”

（《论语·学而》）

解说

孔子说不要交不如自己的朋友，而要交有德或有才的朋友，可以取长补短。

296. 子曰：“君子周而不比，小人比而不周。”

（《论语·为政》）

解说

孔子说君子团结别人但讲原则，不附和别人；小人只是附和别人，而不讲原则。

297. 有子曰：“礼之用，和为贵。”

（《论语·学而》）

解说

有子说礼的作用，贵在建立和谐的人际关系。和不是同一，而是矛盾的和谐统一。

298. 乡饮酒之礼废，则长幼之序失，而争斗之狱繁矣。

（《大戴礼记·礼察》）

‖ 解说

古人举行乡饮酒礼，是为了培养人们尊老爱幼的风气，没有这种礼仪，就会出现互相争斗，不能礼让。

299. 爱而知其恶，憎而知其善。

（《礼记·曲礼上》）

‖ 解说

与人交往，不可依据自己的爱、憎，而掩盖了别人的善、恶。

300. 礼尚往来。

（《礼记·曲礼上》）

‖ 释义

① 尚：指看重。

‖ 解说

礼仪注重相互的往来。往而不来，或者来而不往，都不合礼仪。

301. 君子多知而择焉，博学而算焉，多言而慎焉。

（《大戴礼记·曾子立事》）

‖ 解说

君子广结广交而加以选择，广泛学习而选择重点，善于论议却很谨慎。

302. 君子结交，当择善而从之，所与不善，必将败德。

（《左传·宣公十二年》唐孔颖达正义）

‖ 解说

这是交往之道。意思是君子与人交往，要选择好人并向他学习。结交的人不善，会败坏自己的德行。

303. 贱人①，人亦贱己。

（《左传·昭公二十五年》晋杜预注）

‖ 释义

① 贱：轻视。

‖ 解说

人必须尊重别人。看不起别人，别人也看不起你。

304. 丧祭之礼废，则臣子之恩薄，而倍死忘生之礼众矣。

（《大戴礼记·礼察》）

‖ 解说

丧礼和祭祀的礼仪废弃，下级对上级、子女对父母就会感情淡漠，缺少崇敬之心、感恩之心。

305. 子曰：“择不处仁，焉得知？”

（《论语·里仁》）

‖ 解说

孔子说不选择与仁义的人相处，人怎么能谈得上智慧？

306. 灾人者，人必反灾之。

（《庄子·人间世》）

‖ 解说

祸害别人的人，别人必定祸害他。

307. 比之匪人，不亦伤乎！

（《周易·比卦》象辞）

‖ 解说

与自己不投缘的人相交，彼此都只能是伤害。

308. 丽泽①，兑②。君子以朋友讲习。

（《周易·兑卦》象辞）

‖ 释义

① 丽：相连。

② 兑：通“悦”。喜悦。

‖ 解说

易经兑卦表示朋友相互切磋、共同提高为快乐。如孔子所谓有朋自远方来，不亦乐乎！

309. 鹤鸣在阴，其子和之。我有好爵，吾与尔靡之。

（《周易·中孚卦》九二爻辞）

‖ 解说

中孚是内心诚信。意思是，鹤在山北边与小鹤共同歌唱，我有好酒与你共饮，都是出于内心的诚信。

310. 同心之言，其臭如兰①。

（《周易·系辞上》）

‖ 释义

① 臭（xiù）：香气。

‖ 解说

知心的话语，就像兰草一样芳香。

311. 获乎上有道，不信乎朋友，不获乎上矣。

（《礼记·中庸》）

解说

取得上级的信任有途径，不被朋友信任，不能取得上级的信任。

312. 信乎朋友有道，不顺乎亲，不信乎朋友矣。

（《礼记·中庸》）

解说

取得朋友的信任有途径，不孝顺父母，不能取得朋友的信任。

313. 君子之接如水，小人之接如醴；君子淡以成，小人甘以坏。

（《礼记·表记》）

解说

君子与人交往平淡如水，小人与人交往浓如甜酒；君子平淡真诚而交往成功长久，小人甜蜜而最终互相伤害。

314. 子曰："口惠而实不至，怨菑及其身①。"

（《礼记·表记》）

释义

① 菑（zāi）：同"灾"。灾害。

解说

孔子说嘴上说得甜蜜而实际没有去做，怨恨和灾祸会加给自身。

315. 君子与其有诺责也①，宁有已怨。

（《礼记·表记》）

‖ 释义

① 诺：承诺。责：要求。

‖ 解说

君子与其答应别人的要求而做不到，宁愿别人怨恨自己。

316. 道同者相称[①]，德合者相友[②]。

（《公羊传·哀公十四年》）

‖ 释义

① 称：称道。

② 友：指志向相同。

‖ 解说

道相同的互相称道，德行相合的志向相似。如孔子称述尧舜之道，追慕尧舜作《春秋》。

仁义第十四

十四

317. 孟子曰："君子所以异于人者，以其存心也。君子以仁存心，以礼存心。仁者爱人，有礼者敬人。爱人者，人恒爱之。敬人者，人恒敬之。"

（《孟子·离娄下》）

‖ 解说

孟子说，有德有才的君子之所以与普通人不同，是因为有仁和礼存在于心中。心中有仁会关爱别人，心中有礼会敬重别人。关爱别人的人，别人常常关爱他。敬重别人的人，别人常常敬重他。

318. 仁者以其所爱，及其所不爱。不仁者以其所不爱，及其所爱。

（《孟子·尽心下》）

‖ 解说

仁爱的人爱自己所爱的人，不爱的人也得到好处。不仁的人伤害不爱的人，也连累所爱的人。

319. 子曰："仁远乎哉？我欲仁，斯仁至矣。"

（《论语·述而》）

‖ 解说

孔子认为仁爱离我们很近，只要有仁爱的想法，就有了仁爱。

320. 仁者，义之本也，顺之体也，得之者尊。

（《礼记・礼运》）

‖ 解说

仁爱是道义的根本。心地仁爱，行事合理，将受人敬仰。

321. 厚于仁者薄于义，亲而不尊；厚于义者薄于仁，尊而不亲。

（《礼记・表记》）

‖ 解说

一个人如果仁爱心重而道义偏少，别人愿意亲近他而尊敬不够；如果道义偏重而仁爱心不够，别人尊敬他但不愿意亲近。

322. 凡生天地之间者，有血气之属必有知，有知之属莫不知爱其类。

（《礼记・三年问》）

‖ 解说

凡是生活在天地之间的生物。有血液有气息的必定有思维，有思维的动物没有不知道爱自己的同类的。

323. 今是大鸟兽则失丧其群匹，越月逾时焉[①]，则必反巡，过其故乡，翔回焉，鸣号焉，蹢躅焉[②]，踟蹰焉，然后乃能去之。小者至于燕雀，犹有啁噍之顷焉，然后乃能去之。故有血气之属者，莫知于人，故人于其亲也，至死不穷。

（《礼记・三年问》）

释义

① 时：一季，三个月。

② 蹢躅（zhí zhú）：踟蹰、徘徊不前的样子。

解说

大的鸟兽丧失匹偶，过了一段时间要回来寻找，来回飞翔、啼叫。然后才离开。凡是有血液有气息之类的动物，没有思维超过人的，尚且有关爱同类的心，所以人对于自己的父母的爱，一直到死都没有穷尽。

324. 为人臣者，怀利以事其君；为人子者，怀利以事其父；为人弟者，怀利以事其兄：是君臣、父子、兄弟终去仁义，怀利以相接，然而不亡者，未之有也。

（《孟子·告子下》）

解说

下级对上级，子女对父母，弟妹对兄长，不能以利益相处，而要用仁义，否则关系难以维持，甚至反目成仇。仁义是有爱心并合情合理。

325. 孟子曰："仁也者，人也。合而言之，道也。"

（《孟子·尽心下》）

解说

孟子说，做人要有仁爱之心，人如果没有仁爱之心就不成其为人。人推行仁爱，就是做人的道理，否则与禽兽没有区别。

326. 孟子曰："人皆有所不忍，达之于其所忍，仁也。人皆有所不为，达之于其所为，义也。"

（《孟子·尽心下》）

解说

孟子说，人都有不忍心做的事情，把这种心理扩大应用到忍心去做的事情上，这就是仁爱之心。人都有不该去做的事情，把这种心理扩大应用到该去做的事情上，这就是道义。

327. 何谓人义？父慈、子孝、兄良、弟弟、夫义、妇听、长惠、幼顺、君仁、臣忠，十者谓之人义。

（《礼记·礼运》）

解说

父母慈爱、儿女孝顺、兄长关爱、弟妹恭敬、丈夫守义、妻子柔顺、长者恩惠、幼者顺从、国君仁爱、臣子忠诚，这十个方面叫作人义。

328. 子言之：“君子之所谓义者，贵贱皆有事于天下。”

（《礼记·表记》）

解说

孔子说，君子所说的义，就是无论处境是贵是贱，都要做点对天下有益的事。

329. 凡人之所以为人者，礼义也。礼义之始，在于正容体，齐颜色①，顺辞令。容体正，颜色齐，辞令顺，而后礼义备，以正君臣，亲父子，和长幼。……故冠而后服备，服备而后容体正，颜色齐，辞令顺。

（《礼记·冠义》）

释义

① 齐：指庄重。

‖ 解说

人之所以算作人，在于有礼义。礼义的开始，在于端正容体，庄重神情，和顺言语。容体端正，神情庄重，言语和顺，然后礼义才能具备，用来确立君臣关系，使父子亲密，使长幼和谐。

330. 君子曰：“酒以成礼，不继以淫[①]，义也；以君成礼，弗纳于淫，仁也。”

（《左传·庄公二十二年》）

‖ 释义

① 淫：过度。

‖ 解说

古人通过饮酒完成礼节，不主张过度饮酒，认为合乎道理。人臣陪伴君主，也应该不使过度，合乎仁爱之心。可见古人把生活与道德、政治联系在一起，其用心良苦。

331. 俭[①]，德之共也[②]。侈，恶之大也。

（《左传·庄公二十四年》）

‖ 释义

① 俭：指财物上节俭、品行上约束自己。

② 共：指敬长事上。

‖ 解说

节俭体现出敬长事上的德行，而奢侈是最大的恶行。

332. 周仁之谓信[①]，率义之谓勇[②]。

（《左传·哀公十六年》）

‖ 释义

① 周：指亲近。

② 率：行。这是叶公子高所说的话。

‖ 解说

亲近仁人叫作信，遵义而行叫作勇。可见古人讲信不仅仅指诚信，还包括亲仁。

义利第十五

十五

333. 义者，宜也。错心方直①，动合事宜，乃谓之为义。

（《左传·隐公三年》唐孔颖达正义）

‖ 释义

① 错：通“措”。

‖ 解说

说义是合理。考虑事情存心端正，行为合乎事情的情理，就叫作义。与忠义连用的义有所不同。

334. 临财毋苟得①，临难毋苟免。

（《礼记·曲礼上》）

‖ 释义

① 苟：随随便便。

‖ 解说

面对钱财不能想着随便获得，否则伤害了“廉”。面对灾难不能想着随便逃避，否则伤害了“义”。

335. 很毋求胜①，分毋求多。

（《礼记·曲礼上》）

‖ 释义

① 很：指争斗。

‖ 解说

与人争斗，不可求胜；与人分财，不可求多。

336. 讲信修睦，谓之人利。争夺相杀，谓之人患。

（《礼记·礼运》）

‖ 解说

社会层面树立诚信、构建和睦的风气，是众人的大利益。互相争夺杀害，是众人的大害。

337. 子曰：“事君，大言入则望大利，小言入则望小利。故君子不以小言受大禄，不以大言受小禄。”

（《礼记·表记》）

‖ 解说

孔子说，侍奉君主或上级，提出很有价值的意见指望获取大的利益，提出略有价值的意见指望获取小的利益，所以君子不拿价值小的言论而获取大的收益，不拿价值大的言论而获取小的利益。

338. 子曰：“君子喻于义，小人喻于利。”

（《论语·里仁》）

‖ 解说

孔子说，社会阶层中的劳心者应该明白什么是道义，社会阶层中的劳力者应该明白如何创造生产效益。

339. 仁者以财发身，不仁者以身发财。

（《礼记·大学》）

‖ 解说

仁爱的人用钱财发展自身，不仁爱的人用自身来发财。

340. 凡有血气，皆有争心，故利不可强，思义为愈[①]。

（《左传·昭公十年》）

‖ 释义

① 愈：美。

‖ 解说

有血气的动物，都有争斗心，因此取得利益不可以强行取得，合乎道理为好。

341. 义，利之本也，蕴利生孽[①]。

（《左传·昭公十年》）

‖ 释义

① 蕴：积蓄。孽：罪孽，祸害。

‖ 解说

合理是利益的根本。不合理地求取利益会产生灾祸。

诚信第十六

十六

342. 子曰："人而无信，不知其可也。"

（《论语·为政》）

解说

孔子说，做人不讲信用，不知道怎么行得通。

343. 君子不绝人之欢，不尽人之礼，来者不豫，往者不慎也，去之不谤，就之不赂，亦可谓忠矣。

（《大戴礼记·曾子立事》）

解说

君子不用尽别人对自己的热情，不用尽别人对自己的礼节，对即将到来的事不提前主观猜测，对过往的事情不牵挂在心；别人离开自己不去毁谤，不用钱财收买别人追随自己，这也可以说是忠诚了。

344. 君子虽言不受必忠，曰道；虽行不受必忠，曰仁；虽谏不受必忠，曰智。

（《大戴礼记·曾子制言中》）

解说

君子即使言论不被采纳也必定忠诚，这叫作"道"；即使行为不被接受也必定忠诚，这叫作"仁"；劝谏不被接受也必定忠诚，这叫作"智"。

345. 上思利民，忠也。

（《左传·桓公六年》）

‖ 解说

在上位的统治者考虑如何有利于人民，属于忠。可以理解为对国家对人民的忠诚。

346. 忠，德之正也①；信，德之固也②；卑让③，德之基也。

（《左传·文公元年》）

‖ 释义

① 正：要，首要。

② 固：坚守，执持。

③ 卑：低下。

‖ 解说

忠心是美好德行的根本，诚信是美好德行的持守，谦下是美好德行的根基。

347. 敌惠敌怨①，不在后嗣②。

（《左传·文公六年》）

‖ 释义

① 敌：对。

② 后嗣：后代。

‖ 解说

一个人对别人有恩惠，不向对方的子孙索取回报；与对方有仇怨，不把仇怨施加到对方的子孙。古人认为这是忠恕之道。

348. 允者，信也①。终始不愆②，言行相副也。

（《左传·文公十八年》唐孔颖达正义）

释义

① 信：真实。

② 愆：过错。

解说

这是古人对“允”字意义的解释。允指为人真实，做事自始至终不犯过错，言语和行动一致。

349. 诚者，实也。秉心纯直，布行贞实也。

（《左传·文公十八年》唐孔颖达正义）

解说

这是古人对“诚”字的解释。指为人诚实，心地纯洁正直，做事实在。

350. 齐者，中也。率心由道，举措皆中也。

（《左传·文公十八年》唐孔颖达正义）

解说

这是古人对“齐”字意义的解释。指为人中庸，思考符合事物的规律，举措适宜得当。

351. 人所以立，信、知、勇也。信不叛君，知不害民，勇不作乱。

（《左传·成公十七年》）

解说

这是晋国大夫郤至说的话，意思是人立身处世，要靠诚信、智慧和勇敢。最大的诚信是不背叛君主，有智慧不伤害人民，有力量不作乱。

352. 让，礼之主也。

（《左传·襄公十三年》）

‖ 解说

谦让是礼的主要表现形式。外表谦让，而内心要敬重。民国印光大师说过:“一分诚敬得一分利益,十分诚敬得十分利益。”

德行第十七

十七

353. 孟子曰："身不行道，不行于妻子，使人不以道，不能行于妻子。"

（《孟子·尽心下》）

解说

孟子说，自己不亲自履行道德的，自己的妻子、子女也不会履行。不按道理指使别人，连自己的妻子、子女也无法指使。

354. 子曰："人不知而不愠，不亦君子乎？"

（《论语·学而》）

解说

孔子说，别人不了解自己，我也不恼怒，不就是君子吗？孔子还说过，不怕别人不了解自己，害怕自己没有才能。

355. 子曰："君子务本。"

（《论语·学而》）

解说

孔子说，人要抓住根本。孔子认为仁爱是根本，对父母孝顺、对兄弟姊妹友爱是仁爱的根本。

356. 子曰："君子不器①。"

（《论语·为政》）

‖ 释义

① 器：器皿。

‖ 解说

孔子说，一个人不能只有某一方面特长，而应该有修身齐家治国平天下的大智慧。

357. 子曰："富与贵，是人之所欲也。不以其道得之，不处也。"

（《论语·里仁》）

‖ 解说

孔子说，人们都想得到富贵，但如果不是符合道义通过正常手段获得，就不去追求。

358. 君子见人之厄则矜之[1]，小人见人之厄则幸之。

（《左传·宣公十五年》）

‖ 解说

① 厄：灾难。矜：怜悯。

‖ 解说

这是宋国华元说的话。意思是君子见到别人有危难充满同情之心，小人会幸灾乐祸。

359. 孔子曰："见善如不及，见不善如探汤[1]。"

（《论语·季氏》）

‖ 释义

① 汤：热水。

‖ 解说

孔子教导我们有好事要及时去做，不好的事要避开不做。

360. 子曰："三军可夺帅也，匹夫不可夺志也。"

（《论语·子罕》）

解说

孔子教导我们人贵在立志。

361. 子曰："君子易事而难说也。"

（《论语·子路》）

解说

孔子说，君子容易相处共事而不容易讨他喜欢，因为君子对人不求全责备，不喜欢听没有道理的话。小人与之相反。

362. 知其不可奈何而安之若命，德之至也。

（《庄子·人间世》）

解说

庄子认为凡事知道没有办法，安心顺从如同命定，是最高的德行。"德"有另一种与"道"类似的哲学解释，庄子在《秋水》篇中说："物得以生谓之德。"意思是事物得以生存的条件叫作"德"。那么这句话的意思是人面对无法改变的处境安心顺从，是最好的生存方式。

363. 安时而处顺，哀乐不能入也。

（《庄子·养生主》）

解说

人顺应自然和客观处境的变化，悲哀和快乐都不会影响个人的心境。

364. 事若不成，则必有人道之患；事若成，则必有阴阳之

患。若成若不成而后无患者，唯有德者能之。

（《庄子·人间世》）

‖ 解说

庄子是道家，主张精神自由，他认为人们做事情，不成功会有人世的祸患，成功也会使自己阴阳失去平衡。两方面都不受影响的，只有有德的人才能做到。

365. 德日新，万邦惟怀；志自满，九族乃离。

（《尚书·仲虺之诰》）

‖ 解说

有一种人，培养德行，每天都在进步，天下人都爱戴拥护他。有一种人，自以为是，盛气凌人，招致别人内心不服，即使血缘至亲，也会离开他。

366. 予闻曰：“能自得师者王，谓人莫己若者亡。”

（《尚书·仲虺之诰》）

‖ 解说

我听说，以圣贤为师的人能统治天下，认为别人总不如自己的人难以存身。

367. 欲败度，纵败礼。

（《尚书·太甲中》）

‖ 解说

这是太甲自我改悔的话。意思是人的贪欲败坏法度，放纵败坏礼仪，会招致灾祸及身。

368. 德无常师，主善为师。

（《尚书·咸有一德》）

‖ 解说

德行可以通过很多途径学习来培养，但善是最重要的。

369. 惟圣罔念作狂①，惟狂克念作圣②。

（《尚书·多方》）

‖ 释义

① 罔：无。

② 克：能。

‖ 解说

圣人不想着做善事就是狂人，狂人能想着做善事就是圣人。

370. 君子有五耻：居其位，无其言，君子耻之。

（《礼记·杂记下》）

‖ 解说

这里君子指有职位的人。孔子认为君子有五种耻辱。身居某个职位，没有符合职位的言论是一种耻辱。

371. 有其言，无其行，君子耻之。

（《礼记·杂记下》）

‖ 解说

五耻之一。意思是有符合职位的言论，但没有相应的行动，是一种耻辱。

372. 既得之而又失之，君子耻之。

（《礼记·杂记下》）

‖ 解说

五耻之一。意思是得而复失，是一种耻辱。

373. 必有忍，其乃有济[1]；有容，德乃大。

（《尚书·君陈》）

‖ 释义

① 济：过河，指成功。

‖ 解说

意思凡事必须忍耐坚持，才能成功，所谓“包羞忍耻是男儿”。心地包容，道德才能宏大，所谓“宰相肚里能撑船”。

374. 君子耻服其服而无其容，耻有其容而无其辞，耻有其辞而无其德，耻有其德而无其行。

（《礼记·表记》）

‖ 解说

君子对下列行为都感到羞耻：穿得漂亮但仪态不文明，仪态虽文明但出言不逊，说话文雅但没有德行，虽有德行但没有去做。

375. 温良者，仁之本也。敬慎者，仁之地也。宽裕者，仁之作也。孙接者[1]，仁之能也。礼节者，仁之貌也。言谈者，仁之文也。歌乐者，仁之和也。分散者，仁之施也。儒皆兼此而有之，犹且不敢言仁也。其尊让有如此者。

（《礼记·儒行》）

‖ 释义

① 孙：通“逊”。谦逊。接：接待。

‖ 解说

温柔善良是仁者的根本，恭敬谨慎是仁者的根基，宽大包容是仁者的行动，谦逊待人是仁者的本能，遇事讲礼节是仁者的外貌，谈吐高雅是仁者的文采，歌舞喜乐是仁者的和悦，发散钱财是仁者的施与。儒者都能做到这些，也不敢说自己做到了仁。儒者有像这样恭敬谦让的。

376. 所谓士者，虽不能尽道术，必有所由焉；虽不能尽善尽美，必有所处焉。是故知不务多，而务审其所知；行不务多，而务审其所由；言不务多，而务审其所谓。知既知之，行既由之，言既顺之，若夫性命肌肤之不可易也。富贵不足以益，贫贱不足以损。若此，则可谓士矣。

（《大戴礼记·哀公问五义》）

‖ 解说

孔子说，所谓士人，即使不能完全掌握道艺，但是一定会去追求；即使不能尽善尽美，必定执守一端。所以知识不追求多，而力求明白；做事不追求多，而力求明白行动的方向；言语不追求多，而力求明白说话的目的。知道追求的是道艺，行动有明确的方向，说的合乎道理，如同自己的身家性命不可改变。富贵不能使他增加什么，贫贱不能使他减少什么。像这样的人，就可以叫作士人。

377. 君子博学而孱守之[①]，微言而笃行之，行必先人，言必后人，君子终身守此悒悒[②]。

（《大戴礼记·曾子立事》）

‖ 释义

① 孱：细微。

② 悒（yì）悒：忧虑的样子。

解说

君子广博地学习而从细小的方面坚守它，说得少而切实地去践行它，行动必定在别人前面，说话必定在别人后面，君子终身坚守这些方面而忧虑不安。

378. 君子己善，亦乐人之善也；己能，亦乐人之能也；己虽不能，亦不以援人。

（《大戴礼记·曾子立事》）

解说

君子自己好，也高兴别人好；自己有才能，也高兴别人有才能；自己虽然无能，也不把别人的才能当作自己的。

379. 是以君子直言直行，不宛言而取富，不屈行而取位。畏之见逐，智之见杀，固不难；诎身而为不仁①，宛言而为不智，则君子弗为也。

（《大戴礼记·曾子制言中》）

释义

① 诎：通“屈”。

解说

所以君子直言直行，不巧言而取得财富，不曲行而取得禄位。被君主嫉恨遭到放逐，足智多谋遭到杀害，固然不以为难；委曲自己去做不仁的事，不说实话去做不智的事，那么君子是不去做的。

380. 小人不耻不仁，不畏不义，不见利不劝，不威不惩。

（《周易·系辞下》）

解说

这是孔子对小人的评价。小人不知道羞耻，没有仁爱心，不知道害怕，做事不合道理，看不到好处不努力去做，不用威严得不到惩戒。今日多少贪官均属小人之列。

381. 善不积不足以成名，恶不积不足以灭身。小人以小善为无益而弗为也，以小恶为无伤而弗去也，故恶积而不可揜[①]，罪大而不可解。

（《周易·系辞下》）

释义

① 揜（yǎn）：同“掩”。掩盖。

解说

好事做得不多不能形成美名，坏事做得不多不能毁灭自身。小人认为小的善行没有用而不肯去做，小的坏事没有多大伤害而不肯不做，以致积累的恶行无法掩藏，罪行重大无法化解。

382. 汝惟不矜[①]，天下莫与汝争能；汝惟不伐[②]，天下莫与汝争功。

（《尚书·大禹谟》）

释义

① 汝：你。矜：自以为贤能。

② 伐：自以为有功。

解说

这是尧告诫大禹的话，意思是你不认为自己贤能，天下没有人能跟你贤能；你不认为自己有功劳，天下没有人能跟你比功劳。

383. 三德：一曰正直，二曰刚克，三曰柔克。

（《尚书·洪范》）

解说

有三种德性：能正人之曲使直，刚强而能立事，和柔而能治理。

384. 位不期骄，禄不期侈。

（《尚书·周官》）

解说

位高不一定与骄横相关但自然会产生骄横，富有不一定与奢侈但自然会产生奢侈。一个人做事骄横奢侈，必然快速灭亡。

385. 企者不立①，跨者不行②。自见者不明，自是者不彰。自伐者无功③，自矜者不长④。

（《老子》第二十四章）

释义

① 企：踮起脚跟。

② 跨：跨跃。

③ 伐：夸耀。

④ 矜：自夸，自高自大。

解说

踮起脚跟不能长久站立。迈开大步无法行走。只是看见自己的，无法明白事理；自以为是的，不能彰显名声；自我夸耀的，无法建成功业；自高自大的，不能长久。老子从最切身的现象指出人最大的弊病是夸大自我的能力和行为。企者求高，跨者求快，自见、自是、自伐、自矜，都不是合乎自然的行为，都不合“道”的准则。不明、不彰、无功、不长四个层面的否定，是对人夸大自我的否定，从而达到对“道”的肯定。

386. 不自见，故明；不自是，故彰；不自伐[①]，故有功；不自矜[②]，故长。夫唯不争，故天下莫能与之争。

（《老子》第二十二章）

释义

① 伐：夸耀。

② 矜：自夸，自高自大。

解说

不固执于一己之见，所以反而能明察。不自以为是，所以反而能彰明。不自我夸耀，所以反而有功绩。不自高自大，所以反而能进步。正因为不与天下人争什么，所以天下人无法与他争。

387. 天下有道，却走马以粪[①]；天下无道，戎马生于郊。祸莫大于不知足，咎莫大于欲得。故知足之足，常足矣。

（《老子》第四十六章）

释义

① 却：退，指还给农夫。粪：给田施肥，指耕田。

解说

天下清平合乎“道”，战马还给农夫耕田。天下混乱不合“道”，母马在战场上生下小马驹。祸患没有比不知满足更大的了，灾难没有比贪得无厌更大的了。知道满足的满足才是永恒的满足。

战争起源于人类的贪婪和欲望，这种多欲和不知足不仅给人民带来巨大的灾难，更是违背了“道”。战争是由社会的清平与否决定的，而社会的清平与否是由是否合“道”决定的。表面上老子是直接斥责战争和贪欲，实际是告诉人们社会要按

“道”来治理。反过来说，合乎“道”就不会产生那么多的贪欲，没有贪欲也就不会有战争。

388. 使我介然有知①，行于大道，唯施是畏②。大道甚夷③，而人好径④。

（《老子》第五十三章）

‖ 释义

① 介然：确然，坚信不疑的样子；一说介指纤介，形容小。

② 施：指人为。

③ 夷：平。

④ 径：小路。用为动词，指抄小路。帛书甲本作“解”，乙本作“懈”，通“嶰”，山谷间小路，义通。

‖ 解说

假使我确信有智慧，能行走在大道上，只害怕人为坏道。大路很平坦，而人们喜欢走小路。

以生活中的大道暗喻哲学上的“大道”，生活中的邪路、小路与大道是对立的，好走捷径的行为是非“道”的行为。

389. 朝甚除①，田甚芜，仓甚虚。服文彩，带利剑，厌饮食②，财货有余，是谓盗夸③。非道也哉！

（《老子》第五十三章）

‖ 释义

① 除：整洁。

② 厌：餍，饱足。

③ 盗夸：即夸盗，大盗。夸，大。

‖ 解说

宫廷很整洁，而田野很荒芜，仓库很空虚。穿着华丽的衣服，佩戴锋利的宝剑，饱餐丰盛的饮食，钱财宝物多剩余，这是大盗。

统治者的穷奢极欲，是大盗行为，大盗行为不是凭劳动所得，而是径取，也是非“道”的行为。国家当以民为本，民贵君轻。田甚芜，仓甚虚，是非“道”的现象，是统治者不以“道”治理的结果。陈鼓应说，本章痛言当时政风的败坏。

390. 夫人必自侮，然后人侮之；家必自毁，而后人毁之；国必自伐，而后人伐之。

（《孟子·离娄章句上》）

解说

人必定是自己行为失当，自取其辱，然后招致别人欺侮他；家庭必定是自我毁坏，然后别人毁坏它；国家必定是自己招人讨伐，然后别人才来讨伐它。

391. 孟子曰：“仕非为贫也，而有时乎为贫。娶妻非为养也，而有时乎为养。”

（《孟子·万章章句下》）

解说

孟子说，任职做官本来不是因为贫穷而是为了建功立业，但有时因为家境贫穷父母年老而不得不做的。娶妻本来是为了传宗接代而不是服侍自己的，但有时因为父母年老还得做饭，不得不为了奉养父母只好不加选择而娶妻的。

392. 孟子曰：“从其大体为大人①，从其小体为小人②。”

（《孟子·告子章句上》）

释义

① 大：指心。

② 小：指耳、目、口、鼻、形。

‖ 解说

孟子说，以仁义养心志的是大人，用利欲满足肉欲的是小人。赵岐注说："务口腹者为小人，治心志者为大人。"孟子以精神为贵为大，以肉体为贱为小。

393. 儒有不宝金玉，而忠信以为宝；不祈土地[①]，立义以为土地；不祈多积，多文以为富；难得而易禄也，易禄而难畜也。

（《礼记・儒行》）

‖ 释义

① 祈：求。

‖ 解说

读书人不以金玉为财宝，而以忠信为财宝；不求土地，而以义为土地；不求财富的积聚，而以知识学问为积聚。人才难得而容易给予待遇，若不公正，难以留住。

394. 德者，得也。自得于心，心之所得，有恶有善，欲知善恶，以法观之，合法则为吉德，不合法则为凶德。

（《左传・文公十八年》唐孔颖达正义）

‖ 解说

这是古人对"德"的认识。"德"是人心中的感受。感受有善有恶，善恶的标准是法度。合乎法度是吉德，不合法度是凶德。古人认为孝敬、忠信为基德，盗贼、藏奸为凶德。

395. 圣者，通也。博达众务，庶事尽通也。

（《左传・文公十八年》唐孔颖达正义）

‖ 解说

这是古人对“圣”字的解释。圣是通的意思，通达各种事务即是圣。

396. 广者，宽也。器宇宏大，度量宽弘也。

（《左传·文公十八年》唐孔颖达正义）

‖ 解说

这是古人对“广”字意义的解释。广指一个人的胸怀宽广，心量气量宏大。

397. 笃者，厚也。志性良谨，交游款密也。

（《左传·文公十八年》唐孔颖达正义）

‖ 解说

这是古人对“笃”字意义的解释。笃指为人忠厚，心性善良，做事谨慎，对朋友亲近真诚。

398. 让，德之主也，让之谓懿德①。

（《左传·昭公十年》）

‖ 释义

① 懿：美好。

‖ 解说

谦让是德行的根本，谦让是美好的德行。

399. 君子非无贿之难①，立而无令名之患②。

（《左传·昭公十六年》）

‖ 释义

① 贿：财物。

② 令：美好。

‖ 解说

这是郑国贤大夫子产所说的话。意思是君子不把家庭贫困没有钱财当作困难，而担心立身处世没有美好的名声。

400. 君子不掩人之功，不蔽人之善[1]。

（《公羊传·桓公十三年》汉何休注）

‖ 释义

① 掩、蔽：掩盖、隐藏。

‖ 解说

君子不掩盖别人的功劳和善行，小人反是。

401. 君子见人之厄则矜之[1]，小人见人之厄则幸之。

（《公羊传·庄公二十四年》唐徐彦疏）

‖ 释义

① 厄：困厄，灾难。矜：同情。

‖ 解说

君子看到别人有灾难会同情他，小人则暗自庆幸。

智慧第十八

十八

402. 时止则止，时行则行，动静不失其时，其道光明。

（《周易·艮卦》彖辞[1]）

释义

① 艮为止。艮卦是说止的道理。

解说

当行则行，当止则止，行止不错失时机，止的道理才显出光明。

403. 惧以终始，其要无咎[1]。

（《周易·系辞下》）

释义

① 要：终。咎：灾祸。

解说

心怀畏惧地做事情，周密地谋虑事情的始终，终究没有灾祸。如临深渊，如履薄冰，既体现出古人做事的认真态度，也体现出古人的忧患意识。

404. 子曰：“过犹不及。”

（《论语·先进》）

解说

孔子教导我们凡事处理到最佳状态，所谓“中庸”，就是追求的适度平衡，与 0.618 黄金分割的和谐比例有共通之处。

405. 孟子曰："人之患在好为人师[1]。"

（《孟子·离娄上》）

释义

① 患：祸患。

解说

孟子说，人的祸患在于没有值得别人学习的却偏要去教导别人。所以孔子说知之为知之，不知为不知，是知（智慧）也。

406. 夫小惑易方，大惑易性。

（《庄子·骈拇》）

解说

小的糊涂会使人改变方向，大的糊涂会使人改变本性。

407. 有机械者，必有机事；有机事者，必有机心。

（《庄子·天地》）

解说

庄子认为有机械就会有机巧的事情，有机巧的事情就会使人产生投机取巧的心理。庄子已经认识到科技对人的危害。

408. 水在火上，既济。君子以思患而豫防之。

（《周易·既济卦》象辞）

解说

既济卦是坎卦在上离卦在下构成。既济表示成功，但万事总是相互转化，祸福相依，所以人要常怀有忧患意识。

409. 火在水上，未济。君子以慎辨物居方。

（《周易·未济卦》象辞）

‖ 解说

未济卦是离卦在上坎卦在下构成。未济表示事情尚未成功，此时要小心谨慎，认真分析所处的境地，寻找有利的位置和正确的方向。

410. 乐天知命，故不忧。

（《周易·系辞上》）

‖ 解说

易经告诉我们，顺应天地自然规律，认识生命的道理，所以不忧愁。

411. 天地之大德曰生，圣人之大宝曰位。何以守位？曰仁。何以聚人？曰财。

（《周易·系辞下》）

‖ 解说

天地的大规律是生长万物，圣人最宝贵的是地位。如何守好自己的位置？是要有仁爱。如何团结众人？是善于舍弃财物。

412. 无咎者①，善补过也。

（《周易·系辞下》）

‖ 释义

① 咎：过错，灾祸。

‖ 解说

易经中“无咎”是表示善于弥补过失。

413. 君子安而不忘危，存而不忘亡，治而不忘乱，是以身安而国家可保也。

（《周易·系辞下》）

‖ 解说

君子能居安思危，所以自身平安以致国家太平。

414. 子曰："德薄而位尊，知小而谋大，力小而任重，鲜不及矣①。"

（《周易·系辞下》）

‖ 释义

① 鲜：少。及：指遇上灾祸。

‖ 解说

孔子说，位高少德，智慧小而企图做大事，力气小而挑重担，这种人很少不遇上灾难。

415. 勿自以所知为大，谓彼所知为小。

（《尚书·咸有一德》唐孔颖达正义）

‖ 解说

不要认为自己知道的是重要的而轻视别人知道的。你轻视别人，别人就会疏远你。

416. 是故知为人子，然后可以为人父；知为人臣，然后可以为人君。

（《礼记·文王世子》）

‖ 解说

知道怎么做好儿子，才可以做好父亲；知道怎么做好下级，才可以做好上级。

417. 知事人，然后能使人。

（《礼记·文王世子》）

解说

知道如何为别人服务，才能使唤别人。

418. 正己而不求于人，则无怨。上不怨天，下不尤人。

（《礼记·中庸》）

解说

端正自己的言行而不要求别人，就不会有怨恨。对上不怨恨老天，对下不怨恨别人。

419. 好人之所恶，恶人之所好，是谓拂人之性①，菑必逮夫身②。

（《礼记·大学》）

释义

① 拂：违背。

② 菑（zāi）：同“灾”。灾害。逮：及。

解说

喜欢常人憎恶的，憎恶常人喜欢的，这叫作违背人的本性，灾害必定殃及自身。

420. 君子入人之国，不称其讳，不犯其禁，不服华色之服，不称惧惕之言，故曰：与其奢也，宁俭；与其倨也，宁句。

（《大戴礼记·曾子立事》）

解说

君子进入别的国家，不说人家忌讳的话语，不违反人家的禁令，不穿色彩华丽的衣服，不说耸人听闻的话，所以说：与其奢侈，宁可节俭；与其高傲，宁可谦恭。

421. 与君子游，苾乎如入兰芷之室①，久而不闻，则与之化矣；与小人游，贷乎如入鲍鱼之次②，久而不闻，则与之化矣。是故君子慎其所去就。

（《大戴礼记·曾子疾病》）

‖ 释义

① 苾（bì）：芳香。兰芷：都是香草名。兰，兰草。芷，一种香草。

② 贷：王念孙认为是"膱"的讹字，是膏液败臭的意思。鲍鱼：腐烂的鱼。次：地方。

‖ 解说

与君子交游，如同进入有香草的室中，香气浓郁，时间一长闻不到香味，嗅觉被香味同化了；与小人交游，如同进入有烂鱼的地方，臭气熏天，时间一长闻不到臭味，嗅觉被臭味同化了。所以，君子对所处的环境进行取舍要小心谨慎。

422. 慢易者，礼之所以失也；堕怠者，时之所以后也。

（《大戴礼记·子张问入官》）

‖ 解说

傲慢随便，礼节就因此丧失；堕落怠慢，时机就因此错过。

423. 奢侈者，财之所以不足也；专者，事之所以不成也。

（《大戴礼记·子张问入官》）

‖ 解说

追求奢侈，财物就因此不够；一意孤行，事情就因此不成。

424. 知之曰明哲，明哲实作则。

（《尚书·说命上》）

‖ 解说

懂得事理就是明智，明智就能制作法则。

425. 善行无辙迹，善言无瑕谪①，善数不用筹策②，善闭无关楗而不可开③，善结无绳约而不可解④。

（《老子》第二十七章）

‖ 释义

① 瑕：玉上的斑痕，比喻事物的缺陷、瑕疵。谪（zhé）：指责。

② 数：计算。筹策：古人计算用的竹木条。

③ 闭：关门。关楗：门闩。古代多为木制。

④ 结：打结，指捆扎。约：绳子。

‖ 解说

善于行走的人不会留下痕迹，善于说话的人不会被人指责，善于计算的人不用计算的筹码，善于关门的人不用门闩而别人无法打开，善于捆扎的人不用绳索而别人无法解开。

章首六句中“无辙迹”“无瑕谪”“不用筹策”“不可开”和“不可解”，都是形容人的行为合“道”表现出的最高境界，人为层面的东西只要合乎“道”，就超出了“技”的层面，庄子用“进乎技”来表述。“行”“言”“数”“闭”“结”是人们日常最多的行为，老子总是用身边的事例来阐明合“道”的神圣性。

426. 知人者智①，自知者明。胜人者有力，自胜者强。知足者富，强行者有志。不失其所者久②，死而不亡者寿。

（《老子》第三十三章）

‖ 释义

① 知：认识，了解。

② 所：处所，指根本。

‖ 解说

能了解别人是智慧，能认识自己是聪明，能战胜别人只是有力量，能战胜自己才是强大。知道满足是富有，能身体力行是有志，不迷失根本的能长久，身死而精神不死的才是真正的长寿。

“知”是人类对外界的作用，智慧是出于争斗，庄子说“知出乎争”（《庄子·人间世》）。“自知”则是人向内的探求。对外界和对自己的内心，有英雄与圣人的区别，所谓英雄能战胜天下，不能战胜自己；圣人能战胜自己，不能战胜天下。自知、自胜比知人、胜人更难。道家与儒家在追求人格修养上对自身要求的目标是一致的。“明”不仅指了解自己，正确地认识自己，还包括了解“道”，符合“道”，所谓“知常曰明”（第十六章）。“富”本与“知足”不相关，这说明道家是通过从缩小人的欲望来增大幸福值的，与儒家恰好相反。“所”即“物得其所”之“所”，指事物各自所处的最佳位置、最佳处境。得其所即是符合“道”，失其所即是违背“道”。总之，完美的人格修养即是一切符合“道”，本章八句虽有层次上的区别，但总体要求是一致的。陈鼓应说，本章讲个人修养和自我建立。

427. 柔弱胜刚强。鱼不可脱于渊[①]，国之利器不可以示人。

（《老子》第三十六章）

‖ 释义

① 鱼不可脱于渊：比喻事物不可离开根本。

‖ 解说

柔弱战胜刚强。鱼不可离开深渊，国家的利器不可展示给人看。老子说的前两句是“道”的规则，最后一句是“道”在国家中的现实运用。

428. 失道而后德，失德而后仁，失仁而后义，失义而后礼。夫礼者，忠信之薄而乱之首。前识者，道之华而愚之始。是以大丈夫处其厚①，不居其薄②，处其实③，不居其华。

（《老子》第三十八章）

释义

① 厚：特指道、德。

② 薄：特指仁、义、礼。

③ 实：特指道。华：指前识。

解说

失去道只有追求德，失去德只有追求仁，失去仁只有追求义，失去义只好追求礼。礼是社会失去忠信、祸乱的开始。所谓先知，不过是“道”的浮华，愚昧的开始。所以君子类型的人坚守道德，不舍本逐末追求仁、义、礼。

仁作为人的本质，可以看作是“道”的一部分。义与礼则完全出于人为的规范，与“道”不相干。从“道”至“德”至“仁”至“义”至“礼”，是从形而上向形而下递降，即庄子所说的“（道）其分也，成也；其成也，毁也”。人的行为只有坚守“道”，才是真正的智慧。

429. 上士闻道，勤而行之；中士闻道，若存若亡；下士闻道，大笑之。不笑不足以为道。

（《老子》第四十一章）

解说

上等士人听到“道”，努力辛苦去实行。中等士人听到“道”，既相信又怀疑。下等士人听到“道”，大加嘲笑。不被嘲笑就不能成为“道”。

人们以经验的方式难以认识“道”的超经验的本质，又难以接受“道”的超经验的表象，因而上士行之，中士疑之，下士笑之。

430. 名与身孰亲？身与货孰多[①]？得与亡孰病？是故甚爱必大费[②]，多藏必厚亡[③]。知足不辱，知止不殆，可以长久。

（《老子》第四十四章）

释义

① 货：财物。

② 爱：爱惜，吝啬。

③ 多：指贵重。

解说

名声与生命相比哪样更值得亲近？身体与财货相比哪样更重要？得与失哪样更有害？所以过分地爱惜必然造成更大的耗费，过分地收藏财物必然导致惨重的损失。知道满足才不会受到侮辱，知道适可而止才不会遇到危险，这样才可以保持长久。

名货与身的关系是身外与身内的关系。对人而言，生命是本质的东西，而名利是非本质的东西。身内与身外总是矛盾的。道家解决问题是从“道”出发，从爱与费、藏与亡的辩证关系来论述对身外之物应该控制欲望，要知足知止。足到何种程度，止到什么标准，所谓“为腹不为目”，满足生命的自然所需即可。第三十七章谈到无欲，无欲是合“道”的，贪欲则是违“道”的。人只有尽可能地接近“道”，才能身不被物所累，才能长久平安。知足、知止不仅仅是道德意义的规范，更是由“道”决定的，是有哲学依据的。

431. 善建者不拔，善抱者不脱，子孙以祭祀不辍[①]。

（《老子》第五十四章）

释义

① 辍：停止。帛书甲乙本作“绝”，义通。

解说

善于建立的牢固不拔。善于抱持的不会脱落。子孙因此世世代代祭祀不断绝。

不拔、不脱、不辍，都是表示长久。“道”的特性就是长久。子孙祭祀不辍，是指从个人到家庭到国家的长久。按照“道”来培养人的德性，才能使人不脱离正确的轨道。

432. 知者不言，言者不知。塞其兑，闭其门，挫其锐，解其纷，和其光，同其尘，是谓玄同[①]。故不可得而亲，不可得而疏；不可得而利，不可得而害；不可得而贵，不可得而贱。故为天下贵。

（《老子》第五十六章）

释义

① 玄：深远。

解说

了解“道”的人不说话，说话的人不了解“道”。堵塞耳目等嗜欲的孔穴，关闭嗜欲的门户，挫损万物的锐气，解除万物的纷乱，融合万物的各种光亮，混同宇宙间的尘埃，这叫作与“道”混同为一。谁也无法亲近它，谁也无法疏远它。谁也无法对它有利，谁也无法对它施害。谁也无法使它高贵，谁也无法使它低贱。所以被天下尊重。

本章的中心是论述“玄同”。“玄同”是“道”的初始状态，人做到“玄同”就是回归于“道”。大道不言，所以知者不言。

第五十二章的塞兑闭门，是从消除人的欲望说，这里则是从回归的角度说。第四章的挫锐解纷、和光同尘，是从“道”的特性说，这里则是从“道”的功能说。人世间的亲疏、利害、贵贱，是依人而立的标准，不能用作评判“道”的标准。“道”因它的特性和功能而贵，人若能效法，其贵自不可待言。陈鼓应说，理想的人格形态是到达“玄同”的最高境界。

433. 为无为，事无事，味无味。大小多少，报怨以德。图难于其易，为大于其细①。天下难事必作于易，天下大事必作于细。是以圣人终不为大，故能成其大。夫轻诺必寡信②，多易必多难。是以圣人犹难之，故终无难矣。

（《老子》第六十三章）

‖ 释义

① 细：小。

② 诺：允诺，答应。

‖ 解说

以无为的态度去作为，以无事的方式去处理事情，以无味的感觉去品味。视小为大，视少为多，一切怨恨用德相报。处理难事从容易的做起，做大事从小事做起。天下难事必定从容易的开始，大事必定从小事开始。轻易允诺必定缺少诚信，容易的事多难事也就必定多。因此圣人把事情都看得很难，所以终究没有困难。

无为并非不为，而是按“道”而为；无事并非不事，而是按“道”而事；无味并非不味，而是按“道”而味；总之，圣人一切都是合“道”的。天下之事，难易大小都存在对立转化关系，视易为难，视小为大，才能化难为易，化大为小。易事做好，难事不难；小事做好，大事能成。圣人始终用认真的态度对待任何事情，就能做好一切事情，这是遵循客观规律的合“道”行为。老子并非坐而论“道”，而是把“道”落实到现实生活中，指导人们有效地利用。

434. 合抱之木，生于毫末；九层之台，起于累土；千里之行，始于足下。为者败之，执者失之。是以圣人无为故无败，无执故无失。

（《老子》第六十四章）

解说

两手合抱的大树，从毫末的幼芽开始生长。九层的高台，由一筐筐泥土堆积而成。千里的远行，从脚下开始。恣意妄为必定失败，执意把持必定丧失。因此圣人不恣意妄为所以没有失败，不执意把持所以没有丧失。

事情的发生和发展总是从安静的状态向躁动的状态变化，从弱小变为强大，从未有到有，这是“道”的状态。老子由此论述人事，要想把事情做好，就必须顺应这种变化，不可强加人为因素。老子所谓的“无为”，是合“道”的人为。“为之于未有”，是合“道”的人为。为者败之， 这是不合“道”的人为。无为，具体表现为不欲，不贵难得之货，不学求知而求“道”。事物的始终是变化的基点，把握好起点和把握好终点同样重要。这种把握仍然是以“道”为指导，所谓辅万物之自然而不敢为。

435. 善为士者不武，善战者不怒，善胜敌者不与①，善用人者为之下。是谓不争之德，是谓用人之力，是谓配天古之极②。

（《老子》第六十八章）

‖ 释义

① 与：参与。

② 配：合。天：指自然。极：本义是房屋的正梁，指最高准则。

‖ 解说

善于做武士的不逞武勇。善于作战的不施愤怒。善于战胜敌人的不必临阵对决。善于用人的甘居人之下。这叫作不争的德性。这叫作利用别人的力量。这叫作符合自然自古以来的最高准则。

最能说明人为的极限是战争，所以老子结合战争来说明人类的行为怎样合于“道”。不武、不怒、不与是战争的最高境界，孙子所谓“不战而屈人之兵”即是。为之下与不争都是由“道”得来，是由自然的准则得来。人类战争不可避免，老子无可奈何，只好结合“道”来论述。道家反对战争，顺其自然，哪里还会有战争?

436. 用兵有言：“吾不敢为主而为客，不敢进寸而退尺。”是谓行无行，攘无臂，扔无敌，执无兵。祸莫大于轻敌，轻敌几丧吾宝。故抗兵相加，哀者胜矣①。

（《老子》第六十九章）

‖ 释义

① 哀：哀悯。

‖ 解说

用兵有这样的说法：“我不敢成为进攻方，宁愿成为防守方；不敢前进一寸，宁愿后退一尺。”这叫作排兵布阵好像没有布阵，抡起手臂好像没有手臂，迎战敌人好像没有敌人，手执兵器好像没有兵器。祸患没有比轻敌更大的了，轻敌等于丧失了我战敌制胜的法宝。所以两军势均力敌之时，慈爱的一方会胜利。

战争是老子经常论及的话题，成克巩认为“此章全是借战事以喻道”（《御注道德经·序》）。不为主而为客，不进攻而退守，无非是表述无争。无行、无臂、无敌、无兵，只不过说明用不要战争的态度对待战争。这种不要战争的态度，是前面所说的“以无事取天下”，战争的“果”是出于“不得已”，所以第三十一章说“恬淡为上”，“战胜以丧礼处之”，就是这里所说的“哀”和“慈”。陈鼓应说，本章阐扬哀慈，以明“不争”之德。

437. 吾言甚易知，甚易行。天下莫能知，莫能行。言有宗，事有君。夫唯无知，是以不我知。知我者希①，则我者贵②。是以圣人被褐怀玉。

（《老子》第七十章）

释义

① 希：“稀”的古字。

② 则：效法。

解说

我的言论很容易理解，很容易实行。天下没有人能理解，没有谁去实行。说话办事有主旨有根据。因为人们不理解主旨和根本，所以不理解我。理解我的人很少，效法我的人更是难能可贵了。因此圣人外穿粗麻布衣服，怀里藏着宝玉。

老子哀叹不被世人理解，是因为世人无知。“道”就是万事万物的根本和主旨，用庄子的话说，“道”被分了，就被毁了。人们只见树木，不见森林。“道”是规律，是真理，很难被一般人所接受和理解，圣人只好被褐怀玉。这也恰恰说明“道”的高贵。第四十一章老子已说到中士以下疑之笑之，不被理解毫不足怪。老子不过是以稀为贵阐述“道”的高深罢了。

438. 知不知，上；不知知，病[①]。夫唯病病，是以不病。圣人不病，以其病病，是以不病。

（《老子》第七十一章）

‖ 释义

① 病：弊病，毛病，缺点。

‖ 解说

以知为不知，最好；以不知为知，是弊病。正因为把弊病看作弊病，因此才不会有弊病。圣人之所以没有弊病，是因为把弊病当作弊病。

道家反对求知，因为知识对“道”而言，犹如盲人摸象。因此以知为不知是最好的，诸家解释知为知“道”，并不确切。知是人的行为，与“道”无关。人类所知未必正确，未必正确本属正常，倘若以知为知，就有问题了，更何况以不知为知呢！存在弊病和缺点，本属正常，关键是怎样对待它。圣人与众人的区别，就是正确地对待弊病和缺点。重视弊病和缺点，尽量避免，差不多就接近“道”了。

439. 信言不美[①]，美言不信。善者不辩，辩者不善。知者不博，博者不知。圣人不积，既以为人[②]，己愈有；既以与人，己愈多。天之道，利而不害。圣人之道，为而不争。

（《老子》第八十一章）

‖ 释义

① 信：言语真实。

② 既：尽。

‖ 解说

真实的言辞不华美，华美的言辞不真实。好的东西不须争辩，争辩的东西必定不好。真正的“知”不须广博，广博不是真正的“知”。圣人不积聚什么，全部给人自己更富有。自然的法则，对物有利而无害。圣人的准则，只管作为而不争什么。

美言是为了争胜于人，善辩也是为了争胜于人，求博也是为了争胜于人，都是不合“道”的。“道”只是真实，不存在美丑、善恶、智愚、博狭等等，这些都是人为的标准，不是“道”的实质。“道”只是不争，圣人的为人、与人就是不争，天道的利而不害也是不争。不争是“道”的实质。人效法天道，就是为而不争。施恩不图报，奉献不索取，是合“道”的精神。陈鼓应评价说，本章的格言，可作为人类行为的最高准则。

440. 居上位而不淫，临事而栗者①，鲜不济矣②。

（《大戴礼记·曾子立事》）

释义

① 栗：战栗，恐惧。

② 鲜（xiǎn）：少。济：指成功。

解说

身居高位而不荒淫，遇到事情谨慎处理的，很少有不成功的。先忧虑事情的，后得到快乐，先快乐的，后为事情忧愁。

441. 小辨破言①，小言破义，小义破道。道小不通，通道必简②。

（《大戴礼记·小辨》）

释义

① 小辨：在细小处明辨。破：破坏，指离析曲解。

② 通道：指大道。简：简单。

‖ 解说

小处明辨会破坏言辞，小的言论会破坏名义，小的名义会破坏道理。小的道理不能通达，通达的道理必定简单。

442. 贤人在位，即行善政，可以保全性命，无他患祸……若使臣无可任，每事劳心，则是伤年夭命，不得终矣。

（《诗经·大雅·卷阿》唐孔颖达正义）

‖ 解说

贤能的人担任领导，推行好的措施，可以保全性命，没有灾祸。如果无人可以任用，凡事只好自己操心，就会折损寿命，不能活到自然寿命。历史中的项羽即是如此。

443. 天下之事，当慎其小。小时而不慎，后为祸大。

（《诗经·周颂·小毖》汉毛亨传）

‖ 解说

凡事在初起细微时就应该谨慎。如果不谨慎，形成的祸患将会很大。所谓千里之堤，毁于蚁穴。

444. 圣人防虑，必周于身，自知无患，方始作之。既作之后，方复隐讳以辟患害。

（《左传正义·序》）

‖ 解说

圣人就是比别人聪明的人。圣人的行为首先考虑周密没有祸患才开始行动，行动之后又隐身而退以避祸害。

445. 临祸忘忧，忧必及之。

（《左传·庄公二十年》）

‖ 解说

面临灾祸而不去忧虑，忧患必定会到来。古人有强烈的忧患意识，以防患于未然。

446. 一日纵敌，数世之患也①。

（《左传·僖公三十三年》）

‖ 释义

① 世：三十年。

‖ 解说

一日放走敌人，是几代的隐患。这是古人的经验，所谓养虎遗患。

447. 渊者，深也。知能周备，思虑深远也。

（《左传·文公十八年》唐孔颖达正义）

‖ 解说

这是古人对“渊”字意义的解释。渊指一个人知识面广，考虑问题深远长久。

448. 明者，达也。晓解事务，照见幽微也。

（《左传·文公十八年》唐孔颖达正义）

‖ 解说

这是古人对“明”字意义的解释。明指一个人明白洞悉事情，能看到非常细微之处。老子说“知常曰明”，常指事物发生发展的规律。

449. 心能制义曰度。正义曰：心能制断时事，使合于义，是为善揆度也。言预度未来之事皆得中也。

（《左传·昭公二十八年》唐孔颖达正义）

‖ 解说

指人能思考裁断时事，合乎道理，能准确预测将来发生的事情，可以算是善于揣度。

治理第十九

十九

450. 德合元者称皇。……德合天者称帝。……仁义合者称王。

（《公羊传·成公八年》汉何休注）

解说

这是古人对皇、帝、王三个名号的区别的认识。元指元气，皇是美、大的意思。帝有审谛的意思，指能像天那样明察。王有归往的意思，为天下归往。意思是德行与元气相合的人可以称为“皇”，德行与天相合的人可以称为“帝”，与仁义相合的人、天下人归往他的可以称为“王”。反映出古人对统治者的标准。

451. 有亲则可久，有功则可大。可久则贤人之德，可大则贤人之业。

（《周易·系辞上》）

解说

万物和亲不相伤害可以长久，事业有功可以壮大。追求长久是贤人的德行，追求壮大是贤人的事业。

452. 任贤勿贰，去邪勿疑，疑谋勿成，百志惟熙。①

（《尚书·大禹谟》）

释义

① 熙：成。

‖ 解说

这是舜的大臣益对大禹说的话，意思是任用贤人不要三心二意，除去奸邪不要迟疑不决，不成熟的计谋不要实行，各种计划都会成功实现。

453. 君子在野，小人在位。民弃不保，天降之咎。

（《尚书·大禹谟》）

‖ 解说

这是大禹对臣下说的话。意思是有才有德的君子得不到任用，奸邪小人窃居官位，民众被抛弃得不到保护，上天会降下灾祸。

454. 建官惟贤，位事惟能，重民五教[①]，惟食、丧、祭。惇信明义[②]，崇德报功，垂拱而天下治[③]。

（《尚书·武成》）

‖ 释义

① 五教：父义、母慈、兄友、弟恭、子孝五种人伦教育。

② 惇：厚。

③ 垂拱：垂衣拱手。垂衣，悬挂着衣服，指人不现身；拱手，敛手，手不用伸开，形容不用操劳。这是周武王灭商后的文告。

‖ 解说

用官要用贤人，办事要用能人，重视民众的五种人伦教育以及饮食、丧葬、祭祀三件大事，推崇诚信，表彰义举，崇尚道德，有功必赏，这样就能不用操劳做到天下大治。

455. 民可近，不可下。民惟邦本，本固邦宁。

（《尚书·五子之歌》）

解说

这是古代大禹的训诫。意思是对民众应该亲近，不可认为他们卑贱而轻视。民众是国家的根本，根本牢固了，国家才能安宁。

456. 为人上者，奈何不敬？

（《尚书·五子之歌》）

解说

这是古代大禹的训诫。敬指敬畏谨慎。意思是统治者对民众不可不敬畏并谨慎从事。推而广之，上级对下级，教师对学生，父母对子女，长者对幼者等等，莫不应该如此。

457. 德懋懋官[1]，功懋懋赏。用人惟己，改过不吝。

（《尚书·仲虺之诰》）

释义

①懋：指勉力。这是赞叹古代君主商汤的话。

解说

商汤对努力培养自己德行的人用官职来鼓励他，对追求立功的人用奖赏来鼓励他。采用别人的意见如同出自自己，有过错全部改正。平庸的君主与此相反。

458. 佑贤辅德，显忠遂良。传：贤则助之，德则辅之，忠则显之，良则进之，明王之道。

（《尚书·仲虺之诰》汉孔安国传）

解说

贤能有德的人得到帮助，忠诚良善的人得到表彰和举荐，这是贤明领导人的道理。

459. 王人求多闻，时惟建事，学于古训，乃有获。事不师古，以克永世，匪说攸闻。

（《尚书·说命下》）

‖ 解说

这是商代贤臣傅说对商王武丁的进言。意思是领导人要广泛听取意见以创立事业，学习古人的教导有收获。不汲取历史的经验，而能保持功业长久，我傅说没有听说过。

460. 学古入官，议事以制，政乃不迷。

（《尚书·周官》）

‖ 解说

学习古代经典，汲取古人的经验，谋划事情，加以决断，政策措施就不会糊涂错误。

461. 古人有言曰：人无于水监①，当于民监。

（《尚书·酒诰》）

‖ 释义

① 监：照。

‖ 解说

人不当从水里照见自己，而应当从别人身上照见自己，汲取别人的教训。领导者尤其应当通过老百姓省察自己。

462. 地有余而民不足，君子耻之。众寡均而倍焉，君子耻之。

（《礼记·杂记下》）

‖ 解说

对于管理国家的人而言，土地广大但人民稀少；财富平均，但民众背叛，是两大耻辱。

463. 立爱自亲始，教民睦也。

（《礼记·祭义》）

解说

培养爱心从爱父母开始，国君树立榜样，倡导百姓和睦。

464. 公曰："敢问何谓为政？"孔子对曰："政者，正也。君为正，则百姓从政矣。君之所为，百姓之所从也。君所不为，百姓何从？"

（《礼记·哀公问》）

解说

这是孔子回答鲁哀公的话。意思是执政的关键是做得正。国君做得正，百姓就服从管理了。国君所做的，也是老百姓跟着做的。国君自己不做的，老百姓为什么要去做呢？

465. 公曰："敢问为政如之何？"孔子对曰："夫妇别，父子亲，君臣严，三者正，则庶物从之矣。"

（《礼记·哀公问》）

解说

鲁哀公问孔子怎样治理国政。孔子告诉他，夫妻有别，父子相亲爱，君臣严正相待。三方面关系端正了，百姓就都顺从了。

466. 君子言不过辞，动不过则，百姓不命而敬恭。

（《礼记·哀公问》）

解说

君子指当政者。意思是当政者不说过头话，不做违反原则的事，老百姓不需要下命令也会对他恭恭敬敬，自觉做好。

467. 古之为政，爱人为大。

（《礼记·哀公问》）

‖ 解说

古代管理国家，热爱人民是最重要的。

468. 不能爱人，不能有其身；不能有其身，不能安土。

（《礼记·哀公问》）

‖ 解说

不能热爱人民，就不能保全自己；不能保全自己，就不能使管理的地方安定。

469. 子云："善则称人，过则称己，则民不争。善则称人，过则称己，则怨益亡。"

（《礼记·坊记》）

‖ 解说

孔子说做领导的把好事归功于别人，把过错归于自己，民众就不会争斗，怨恨就一天天消亡了。

470. 子言之曰："为上易事也，为下易知也，则刑不烦矣。"

（《礼记·缁衣》）

‖ 解说

孔子说，统治者不暴虐，下级就容易侍奉；下级不怀奸诈，上级就容易了解民情，刑罚就不用那么繁多了。

471. 君民者，子以爱之，则民亲之；信以结之，则民不倍；

恭以莅之[①]，则民有孙心[②]。

（《礼记·缁衣》）

释义

① 莅：临，对待。

② 孙：通“逊”。谦逊。

解说

统治百姓，像对待子女一样对待他们，民众就会亲近；用诚信去结交他们，民众就会不背叛；用恭敬去对待他们，民众就会有谦逊之心。

472. 子曰：“下之事上也，不从其所令，从其所行。”

（《礼记·缁衣》）

解说

孔子说，下级对待上级，不会听从指令，而会看上级的行为去做。所谓“上有所好，下必甚焉”。

473. 上好是物，下必有甚者矣，故上之所好恶，不可不慎也，是民之表也。

（《礼记·缁衣》）

解说

在上位的统治者喜欢什么，下面的人会更喜欢。所以上级的喜好和憎恶，不能不谨慎，因为是百姓的榜样。

474. 子曰：“王言如丝，其出如纶[①]；王言如纶，其出如綍[②]；故大人不倡游言。”

（《礼记·缁衣》）

‖ 释义

① 纶：带子。

② 綍（fú）：通“绋”。粗绳索。

‖ 解说

孔子说，君王说的话就如同细丝，传出去就如同带子一样粗；说的话如同带子，传出去就如同粗绳索；所以领导者不能说不切实际的话。

475. 可言也，不可行，君子弗言也；可行也，不可言，君子弗行也；则民言不危行[①]，而行不危言矣。

（《礼记·缁衣》）

‖ 释义

① 危：危害。

‖ 解说

可以说但不能做到，君子就不去说；可以做但不可告人，君子不去做；这样民众就不会说的与做的互相违背了。

476. 子曰：“小人溺于水[①]，君子溺于口，大人溺于民，皆在其所亵也[②]。”

（《礼记·缁衣》）

‖ 释义

① 溺：淹死。

② 亵：因亲近而不尊敬。

‖ 解说

孔子说，小民在水中被淹死，君子因为说话招致怨恨，统治者被人民所陷溺，都是由于太接近而失去戒心。

477. 子曰："民以君为心，君以民为体。心庄则体舒，心肃则容敬。心好之，身必安之。君好之，民必欲之。心以体全，亦以体伤；君以民存，亦以民亡。"

（《礼记·缁衣》）

解说

孔子说，民众把君主当作心脏，君主把民众当作四肢，内心庄重肃敬，就会四肢舒畅容貌恭敬。内心高兴，身体就会安泰。君主喜欢的，民众一定想要。心脏依赖四肢而完整，也会因四肢而受伤；君主靠民众而存在，也因民众而灭亡。

478. 为人君，止于仁；为人臣，止于敬；为人子，止于孝；为人父，止于慈；与国人交，止于信。

（《礼记·大学》）

解说

做君主的应该处于仁的地位，即做到仁；做臣子的应该处于敬的地位，即做到敬；做儿子的应该处于孝的地位，即做到孝；做父亲的应该处于慈的地位，即做到慈；与国民交往，应该处于信的地位，即做到信。

479. 侨闻学而后入政[①]，未闻以政学者也。

（《左传·襄公三十一年》）

释义

① 侨：公孙侨，即子产。

解说

子产是春秋时期郑国一位贤明的国相(相当于今天的总理)。他说的意思是从政为官，一定要先学习古人的经典和训诫，考察古代的成败，择善而从，才可以为官治政，而不是先干后学。

今日从政为官者，不知几人能做到。

480. 子曰：“道之以政，齐之以刑，民免而无耻；道之以德，齐之以礼，有耻且格。”

（《论语·为政》）

‖ 解说

孔子认为国家的治理如果只靠行政命令和刑罚来管理老百姓，人们就会想办法钻法令的空子，逃脱处罚，而无羞耻之心；如果用道德礼义来教化老百姓，人们就会有羞耻心，做事守规矩。

481. 君不行仁政而富之，皆弃于孔子者也。

（《孟子·离娄上》）

‖ 解说

这是孟子说的话。意思是国君不推行仁爱的治理而掠取财富，都是违背孔子的人。

482. 孟子告齐宣王曰：“君之视臣如手足，则臣视君如腹心。君之视臣如犬马，则臣视君如国人。君之视臣如土芥①，则臣视君如寇仇②。”

（《孟子·离娄下》）

‖ 释义

① 土芥：泥土和小草。

② 寇仇：仇敌。

‖ 解说

孟子对齐宣王说，君王对待臣下如同手足，臣下对待君王如同心腹。君王对待臣下如同狗和马，臣下对待君王如同普通的民众。君王对待臣下如同泥土小草，臣下对待君王如同仇敌。

483. 孟子曰："有天爵者[1]，有人爵者[2]。仁义忠信，乐善不倦，此天爵也。公卿大夫，此人爵也。古之人修其天爵，而人爵从之。今之人修其天爵以要人爵，既得人爵而弃其天爵，则惑之甚者也。终亦必亡而已矣。"

（《孟子·告子上》）

‖ 释义

① 天爵：自然的爵位。

② 人爵：人为设立的爵位。

‖ 解说

孟子说，有天赐的爵位，有人授的爵位。是仁义忠信，乐善不倦，是自然的爵位。公卿大夫这些官职，是人为设立的爵位。古人修行自然的爵位，而人爵自然会赋予他；今人修行自然的爵位，是为了求取人爵。得到人爵却放弃天爵是糊涂之极，终究会失去人爵而灭亡。此可为今日贪官们之戒。

484. 孟子曰："诸侯之宝三[1]：土地，人民，政事。宝珠玉者，殃必及身。"

（《孟子·尽心下》）

‖ 释义

① 宝：动词，以……为宝。

‖ 解说

孟子说，管理一方的官长应该以土地、人民和政务为宝。以珠玉为宝的，祸殃必定降临到自身。

485. 昔三代明王之政，必敬其妻子也有道。妻也者，亲之主也，敢不敬与？子也者，亲之后也，敢不敬与？

（《大戴礼记·哀公问于孔子》）

‖ 解说

从前夏商周三代贤明的君主的治理，一定要有措施敬重妻子和子女。妻子，是父母双亲的主持者，能不敬重吗？子女，是父母的继承人，能不敬吗？

486. 无德法而专以刑法御民，民心走，国必亡。亡德法，民心无所法循，迷惑失道，上必以为乱无道，苟以为乱无道，刑罚必不克，成其无道，上下俱无道。

（《大戴礼记·盛德》）

‖ 解说

不用德法而专用刑法来统治民众，民心丧失，国家必定灭亡。丧失了德法，民心没有准则可以遵循，迷惑而亡失正道，在上位的人一定以为百姓是乱而无道，如果以为是他们乱而无道，刑罚一定不能解决问题，更促成了无道。上上下下都无道了。

487. 夫教化之比于刑法，刑法轻，是舍所重而急所轻也。且教化，所恃以为治也，刑法所以助治也。今废所恃而独立其所助，非所以致太平也。

（《汉书·礼乐志》）

‖ 解说

教化与刑法相比，刑法的作用小，这是舍弃重要的而急于追求不重要的。再说教化，是依靠它来治理天下的，刑法是用来帮助治理的。如今废弃依靠的东西而偏偏建立佐助的东西，这不是达到天下太平的方法。

488. 圣人处无为之事①，行不言之教。

（《老子》第二章）

释义

① 圣人：无所不通的人。无为：指不要人为，顺其自然，不强为，不胡作非为。

解说

圣人用无为的态度来处事。不靠发布政令来治理教化百姓。庄子说，天地有大美而不言（《庄子·知北游》），圣人效法天地的大美。

489. 不尚贤[1]，使民不争。不贵难得之货[2]，使民不为盗[3]。不见可欲，使民心不乱。

（《老子》第三章）

释义

① 尚贤：尊重贤人。

② 贵：使……贵重。货：财物。

③ 盗：偷窃。

解说

不崇尚贤能，是为了让民众没有竞争之心。不看重难得的财物，是为了让民众不偷盗。不表现出想要什么，是为了让民众心地不混乱。儒家主张建立尊卑贵贱的社会等级秩序，从而达到治理的目的。道家则主张从心理上消除人们的竞争。尚贤导致竞争，庄子说："智出乎争。"（《庄子·人间世》）消除人们对权利的追求，对财富的欲望，使人回到无知无欲的返璞归真的状态中去，智者不为，天下也就无须治理。陈鼓应评述说：所谓"无知"，并不是行愚民政策，乃是消解巧伪的心智。所谓"无欲"，并不是要灭除自然的本能，而是消解贪欲的扩张。

490. 太上[1]，下知有之；其次，亲而誉之；其次，畏之；

其次，侮之。信不足焉，有不信焉。悠兮其贵言[②]。功成事遂[③]，百姓皆谓我自然[④]。

（《老子》第十七章）

‖ 释义

① 太上：最高的，最好的。

② 贵言：以言为贵。言，言语，政令。

③ 遂：成。

④ 自然：本来这样。

‖ 解说

国家最好的治理百姓只知道有君主的存在，君主无为而治，并不扰动百姓；其次百姓亲近并赞美君主；其次君主以威权治国，使百姓惧怕；再次君主靠法令治国，欺侮玩弄百姓。君主诚信不足，百姓于是不信任他。统治者的言令要谨慎。事情做成了，百姓认为本来是这样。

按陈鼓应的说法，老子理想中的政治情境是：一，统治者具有诚朴信实的素养；二，政府只是服务人民的工具；三，政治权力丝毫不得逼临于人民的身上。

491. 天下神器[①]，不可为也。为者败之，执者失之。……是以圣人去甚、去奢、去泰。

（《老子》第二十九章）

‖ 释义

① 神器：神奇的东西。

‖ 解说

人为治理就会失败，强行执掌就会失去。所以圣人处事从不过分，去除奢侈豪华。

从“道”的角度看，天下本不须为，而人总是要为，其结果必然不“得”。老子之所以向往远古社会，因为那是无为而治的社会。不取天下而为，才能真正享有天下。老子并不只是从正面谈无为，而是从有为的失败来论述无为的重要性和必要性。人类行为的“甚”“奢”“泰”，是人为的结果，与“道”是相悖的，所以圣人去之。陈鼓应说，本章为老子对于“有为”之政所提出的警告。

492. 圣人无常心，以百姓心为心。善者，吾善之；不善者，吾亦善之，德善①。信者，吾信之；不信者，吾亦信之，德信。圣人在天下歙歙②，为天下浑其心。百姓皆注其耳目，圣人皆孩之③。

（《老子》第四十九章）

释义

① 德：通“得”。

② 歙（xī）歙：收敛的样子。

③ 孩之：使百姓成为婴儿。孩，用作使动，指无知无欲的本真状态。

解说

圣人没有自己固定的想法，而是把百姓的想法当作自己的想法。圣人对百姓，好的认为好，不好的也认为好，因而能得到好的东西。圣人对百姓，能相信的相信，不能相信的也相信，因而能得到诚信。圣人治理天下，收敛自己，使百姓返朴归真。百姓都专注耳目的聪明，圣人使他们回到婴儿状态。

圣人无常心，当从帛书本改作“圣人恒无心”。正因为无心，所以善与不善、信与不信都一律以善以信对待。善与不善、信与不信，不是从“道”的角度，而是从人的角度来区分的。圣人所起的作用，无非是使百姓不合“道”的想法统一到“道”之中，即“浑其心”。耳目的聪明，是对客观对象属于知识层面的追求，而不是对“道”的追求。对百姓的这种追求，圣人并不作善与不善、信与不信的评判，而是“皆孩之”，使人人成为婴儿，回到婴儿状态，使他们回到“道”中。河上公、成克巩认为百姓注其耳目是为圣人视听，或视听圣人的好恶，徐大椿认为是试测圣人，理解都有误。

493. 天下多忌讳①，而民弥贫②；民多利器，国家滋昏③；人多伎巧④，奇物滋起；法令滋彰，盗贼多有。故圣人云：我无为而民自化。我好静而民自正。我无事而民自富，我无欲而民自朴。

（《老子》第五十七章）

‖ 释义

① 忌讳：指禁令。

② 弥：更加。

③ 滋：更加。

④ 伎：通“技”。

‖ 解说

天下禁令越多，民众越贫困。民间锋利器具越多，国家就越混乱。人的技巧越多，奇异的器物就会更多。法令越严明，盗贼就越多。我做到无为，民众自然化育；我做到好静，民众自然端正；我做到无事，民众自然富裕；我做到无欲，民众自然淳朴。

治理国家并不在于设立的禁令、标准的多少，因为这些都是人为的。人为的东西越多，治理就越混乱，最好是引导百姓归之于“道”。圣人的无为、好静、无事、无欲都是“道”的具体体现，百姓以圣人为榜样，自化、自正、自富、自朴，是体“道”的结果。陈鼓应说，本章的结尾是老子“无为政治”的乌托邦社会情境的构幻。

494. 其政闷闷[①]，其民淳淳；其政察察，其民缺缺[②]。祸兮福之所倚，福兮祸之所伏，孰知其极[③]？

（《老子》第五十八章）

释义

① 闷闷：不明察的样子。

② 缺缺：指不淳朴，形容民心浇薄。刘如瑛说，“缺”当读为“觖”，训为不满。

③ 极：标准。

解说

政治宽宏，民众淳朴。政治苛严，民众刁滑。祸福互相依存转化，谁能知道定准。

“其政闷闷”，即是以无事取天下。“其民淳淳”，不失淳朴。这都是符合“道”的做法和状态。“其政察察”，即是以智治国，以有事为天下。“其民缺缺”，这都是背离“道”的做法和状态。按道家的观点，世间一切人为都是没有是非标准的。

495. 治人事天莫若啬[①]。夫唯啬，是谓早服[②]。早服谓之重积德，重积德则无不克[③]，无不克则莫知其极，莫知其极，可以有国。有国之母[④]，可以长久。是谓深根固柢[⑤]，长生久视之道[⑥]。

（《老子》第五十九章）

释义

① 啬：爱惜。

② 服：通“备”。

③ 克：战胜。

④ 母：指根本。

⑤ 柢：根本。

⑥ 视：活，指国存。

‖ 解说

治理百姓对待自然没有什么比节俭更重要的了。正因为节俭，这才叫早做准备。早做准备叫作不断积累“德”，这样就会无所不胜，没有谁知道这种力量的极限，可以长久保有国家。保有国家的根本之道，可以长久。这叫根底深固，永久生存的道理。

老子提出“治人事天莫若啬”，所谓“啬”，不是吝啬，而是不浪费。就人而言，是不浪费精神；就物而言，是不浪费财物；就天而言，是爱护自然。总之，治人不是以人道治之，而是以天道治之。“啬”如果解释为稼穑之穑，指农夫种田提前做准备，顺应天时，符合天道，即是合“道”的行为，也能解释得通。积德是按“道”办事，按“道”治人，可以长久享有国家；按“道”治国，可以无所不克。深根固柢，长生久视，都是由“德”积来的，由“道”决定的。

496. 治大国若烹小鲜[①]。以道莅天下[②]，其鬼不神[③]。非其鬼不神，其神不伤人；非其神不伤人，圣人亦不伤人。夫两不相伤，故德交归焉。

（《老子》第六十章）

‖ 释义

① 鲜：小鱼。

② 莅：临，指治理。

③ 神：灵验，指作祟。

‖ 解说

治理大国好比煎小鱼。用“道”治理天下，连鬼都不能作祟了。

不是鬼不作祟，即使作祟也不会伤害人。不仅鬼不能伤害人，圣人也不伤害人。鬼和圣人都不伤人，“德”就能交汇在一起。

烹小鲜不可翻动，是合乎自然的行为。老子用这生动形象的比喻说明治国也要合乎自然，即合于“道”。鬼不作祟，也是比喻用“道”治理天下，一切自然无为，是“德”归的结果。煎鱼不伤鱼，治国不伤人，都是“道”的作用。圣人效法“道”，道理即在此。

497. 古之善为道者，非以明民，将以愚之。民之难治，以其智多[①]。故以智治国，国之贼；不以智治国，国之福。

（《老子》第六十五章）

释义

① 智：指智巧。

解说

古代善于用“道”治国的人，并不是使人民变得聪明，而是使人民保持质朴纯真。百姓之所以难以治理，因为他们智慧太多。所以用智巧治国，是国家的祸害。不用智巧治国，是国家的福气。

孔子说：“民可使由之，不可使知之。”儒家从社会治理的角度，认为百姓智多难治，但不反对人追求知识和智慧。老子也是从治国的角度，认为民之难治，以其智多，但反对人追求知识和智慧。两家的目的相同，但治理的出发点不同，治理的目标也不同。儒家从社会出发，从人出发，达到天下大治；道家则是从“道”出发，让百姓回到人的原始质朴状态，一直到完全顺其自然。陈鼓应说，本章强调为政在于真朴。

498. 民不畏威，则大威至[①]。无狎其所居[②]，无厌其所生[③]。

夫唯不厌，是以不厌④。是以圣人自知不自见⑤，自爱不自贵，故去彼取此⑥。

（《老子》第七十二章）

‖ 释义

① 大威：指天威，上天的诛伐。王弼释为“天诛”，威，威压。

② 狎：通“狭”。狭小，狭迫。

③ 厌：通“压”。压制，压迫。

④ 厌：厌恶。

⑤ 见：“现”的古字。

⑥ 彼：指自见、自贵。此：指自知、自爱。

‖ 解说

民众不害怕威权而冒险，大的刑威将会临身。不要压迫他们的生存空间，不要压制他们的生计。只有不压制他们，他们才不会厌恶。因此圣人有自知之明但不自我表现，自我珍爱但不显示高贵。

庄子说：“鱼相忘乎江湖，人相忘乎道术。”这是“道”的和谐境界。统治者和老百姓也应该是这种和谐关系，而不是压制和被压制的关系。老子依据“道”的理论来说明如何处理这种关系，要让百姓没有被压制的感觉，要让百姓不感到厌恶。圣人的不自见、不自贵，就是把自己置身于民众之中，和谐相处。

499. 民不畏死，奈何以死惧之？若使民常畏死，而为奇者，吾得执而杀之，孰敢？常有司杀者杀。夫代司杀者杀，是谓代大匠斫①。夫代大匠斫者，希有不伤其手矣。

（《老子》第七十四章）

‖ 释义

① 斫（zhuò）：砍削。

解说

民众不怕死，怎么能用死来使他们害怕？如果民众怕死，那么那些为非作歹之徒，我能把他们抓起来杀掉，谁还敢为非作歹？总是有专管刑杀的人去杀。代替专管刑杀的人去杀，这就好比代替大木匠去砍削木头一样。代替大木匠去砍削木头，很少有不砍伤自己手的。

就人世而言，总有为正者，为奇者。为奇者杀，由司杀者杀，是一种正常的社会状态。如果治理滥用刑杀，代司杀者杀，就不是正常的社会状态，就违背了自然。民畏死是正常状态，民不畏死是非正常状态，在非正常状态下要民众处于正常状态，也是违背了自然。“代大匠斫”的行为是非正常行为，所以要受到伤手的惩罚；那么，治理社会用不合“道”的行为，其后果可想而知。陈鼓应说，本章为老子对于当时严刑峻法，逼使人民走向死途的情形，提出沉痛的抗议。

500. 民之饥，以其上食税之多，是以饥。民之难治，以其上之有为①，是以难治。民之轻死②，以其求生之厚③，是以轻死。夫唯无以生为者④，是贤于贵生⑤。

（《老子》第七十五章）

释义

① 有为：有作为，指不合“道”的人为。

② 轻死：把死看得很轻。

③ 厚：重。

④ 无以生为：无以生为务，河上公解释很正确，意思是不需要为生命为生活去做什么。许多注本把“生”理解为养生，不合老子原意。

⑤ 贤：胜过，超过。

解说

民众饥饿，是因为统治者征收的粮食赋税太多，所以饥饿。民众难以治理，是因为统治者恣意妄为，所以难以治理。民众不怕死，是因为求生的负担太重，所以不怕死。只有那些不需要为生活去追求的人，才胜过把生命看得很贵重的人。

饥与食税之多，有为与难治，求生之厚与轻死，都存在必然的关系，但不是社会的正常状态。统治者的治理不合“道”，才造成这种不正常状态。要民不饥，上不能多食税；要民好治，上不能人为；要民不轻死，就不能使其求生的负担太重；总之，治理要合“道”。无以生为，即不要为生命去做什么，不要为生活去奔波。这才是社会的正常状态，是“野老不知尧舜力”的自然状态。贵生不是自然状态，所以无以生为贤于贵生。成克巩认为“此章论生死之道由粗及精而归于忘身也”，不合老子本意。

501. 小国寡民[①]，使有什伯之器而不用[②]，使民重死而不远徙[③]。虽有舟舆[④]，无所乘之；虽有甲兵，无所陈之[⑤]；使民复结绳而用之[⑥]。甘其食，美其服，安其居，乐其俗。[⑦]邻国相望，鸡犬之声相闻，民至老死不相往来。

（《老子》第八十章）

释义

① 小、寡：都是形容词的使动用法。

② 什伯：指功效十倍、百倍。伯，通“佰”。

③ 重死：看重死亡。徙：迁移。

④ 舆：车。

⑤ 所：处所，地方。陈：陈列，指列阵。

⑥ 结绳：上古无文字，记事在绳子上打结。

⑦ 甘、美、安：都是形容词的意动用法。认为……（甘、美、安）。

解说

把国家划小，让民众稀少。使他们有效率十倍百倍的器具也用不上，让老百姓珍惜生命而不流亡。即使有车船，没有地方需要去乘坐。即使有铠甲兵器，没有地方需要布阵打仗。让百姓回到结绳记事的时代。觉得吃得香甜，穿得漂亮，住得安逸，习俗快乐。邻近的国家互相望得见，鸡鸣狗叫的声音互相听得见，百姓直到老死，互相不往来。

老子有感于当时社会的政治混乱，征战不休的状态，提出了一个理想的社会模式。这个模式，仍然是以“道”作理论依据的。国小民寡，人们自给自足，没有赋税，没有战争，生活安乐，民心淳朴，不用智巧，不需为生计而奔波，无鞍马劳顿之苦，如此等等，完全是一幅自然景象。所谓其民淳淳，其政闷闷，是鱼相忘于水的状态，是人相忘于“道”的境界。孔子向往周代，是想回到那种礼乐文明的时代；老子向往小国寡民，是想回到太古的纯真时代。庄子说，有机械者必有机事，有机事者必有机心。老子使有什伯而不用，结绳而用，正是使民无知无识，文字和智巧是人的产物，而不是“道”的产物。老子的这种理想，早于西方柏拉图的理想国。

502. 上无道揆也①，下无法守也，朝不信道，工不信度，君子犯义，小人犯刑，国之所存者幸也。

（《孟子·离娄章句上》）

释义

① 揆：揣度。

解说

君主不能揣度天意，臣下不能遵守法度，朝廷的官员做事不合规律，工匠制作不合度量，有地位的人违反道义，低贱的下民触犯刑法，这样的国家能够存在只是侥幸，不是必然。

503. 城郭不完，兵甲不多，非国之灾也；田野不辟，货财不聚，非国之害也；上无礼，下无学，贼民兴，丧无日矣。

（《孟子·离娄章句上》）

‖ 解说

守卫不牢固，军队不多，不是国家的灾难；田地没有开垦，财物没有积聚，不是国家的灾害；君上不懂礼，臣下不学习法度，贼民横行，这样的国家离灭亡不远了。

504. 若地广民稀，则情不趋利；地狭民稠，耕稼无所，衣食不给，机巧易生。

（《诗经·魏风·葛屦》唐孔颖达正义）

‖ 解说

如果土地广阔，民众稀少，人们就不会去追求利益；如果土地狭窄，民众无法耕种，衣食不能满足，投机取巧就容易产生。

505. 烹鱼烦则碎[①]，治民烦则散，知烹鱼则知治民矣。

（《诗经·桧风·匪风》毛传）

‖ 释义

① 烹：煮。

‖ 解说

煮鱼搅来搅去会把鱼搞碎，治理人民搅来搅去民心会涣散，懂得煮鱼的道理就知道治理国家的道理。老子说“治大国若烹小鲜”，是指凡事要遵从规律，治民贵在安静无为。

506. 自天子至于庶人，未有不须友以成者。亲亲以睦，友贤不弃，不遗故旧，则民德归厚矣。

（《诗经·小雅·伐木》毛诗序）

解说

上至天子，下至普通百姓，没有人不需要依靠朋友的帮助而能成功的。家庭内部关系和睦，对外不抛弃朋友，不遗忘老朋友老熟人，天子做出榜样，民众的品德就变得淳厚了。

507. 吾闻之：国将兴，听于民；将亡，听于神。

（《左传·庄公三十二年》）

解说

这是太史嚚（yín）说的。意思是国家将要兴旺就会听从人民的意见，国家将要灭亡就会听从神灵的指使。

508. 国家之败，由官邪也。官之失德，宠赂章也[1]。

（《左传·桓公二年》）

释义

① 宠：指任人唯亲。

解说

国家的败乱是因为官员行事不正，官员道德缺失，就会任人唯亲，公开敛财。

509. 《周书》有之：“乃大明服。”

（《左传·僖公二十三年》）

解说

语出《尚书·康诰》。意思是君主非常贤明民众就会服从。推而广之，今日上级很贤明下级就会服从。

510. 怀必贪[①]，贪必谋人。谋人，人亦谋己。一国谋之，何以不亡？

（《左传·宣公十四年》）

‖ 释义

① 怀：思，指思高位。

‖ 解说

一个人谋求高位必定贪婪，贪婪必定算计别人，算计别人，别人也会算计他。一国人都算计他，怎么会不灭亡？今日为官者当慎之。

511. 善为国者，赏不僭而刑不滥[①]。

（《左传·襄公二十六年》）

‖ 释义

① 僭（jiàn）：越位。

‖ 解说

善于治理国家的，奖赏不过高也不过低，符合实际，刑罚也不滥用。

512. 慈和遍服曰顺。正义曰：人君执慈心以惠下，用和善以接物，则天下遍服而顺从之，故为顺也。

（《左传·昭公二十八年》唐孔颖达正义）

‖ 解说

君主用慈爱的心理对下民施加恩惠，用和善的态度去待人接物，就能得到天下人的顺从和拥护，所以叫作顺。今日凡做领导的当借鉴。

天道第二十

二十

513. 同声相应，同气相求。

（《周易·文言》）

解说

自然界的声气互相感应，所谓“物以类聚，人以群分”。

514. 无平不陂①，无往不复②。

（《周易·泰卦》九三爻辞）

释义

① 陂（bēi）：山坡，斜坡。

② 复：返回。

解说

世间的道理，道路没有一直平坦而没有陡坡的，没有一直前行而不返回的。比喻凡事皆有艰难险阻。

515. 天道亏盈而益谦①，地道变盈而流谦，鬼神害盈而福谦，人道恶盈而好谦。

（《周易·谦卦》彖辞）

释义

① 亏：减少。盈：满，多。谦：谦下，不足。

解说

天的法则是使多的减少，使不足的增加，老子说“天之道，损有余而补不足”；地的法则是使高出的流向低下之处；鬼神是祸害满盈骄溢的人，福佑谦恭的人；人世的法则是憎恶骄傲而喜欢谦虚的人，所谓“满招损，谦受益”。

516. 观乎天文以察时变①，观乎人文以化成天下。

（《周易·贲卦》彖辞）

释义

① 文：现象。时：季节。

解说

观察天象可以知道季节的变化，观察社会文明可以知道怎么教化天下。

517. 形而上者谓之道，形而下者谓之器。

（《周易·系辞上》）

解说

具体有形的东西叫作“器”，超越形体之上的规律叫作“道”，“道”具有抽象性。

518. 易一名而含三义，所谓易也，变易也，不易也。

（《易纬·乾凿度》）

解说

《易经》的“易”包括三种道理：简易，世间最高的道理，也是最平凡的道理。变易，宇宙间任何事情、任何物理，随时随地都在变化，没有不变的东西。庄子说“物之生也，若骤若驰，无动而不变，无时而不移”（《庄子·秋水》）万物的生长，就像快马奔驰一样，没有一个动作不在变化，没有一个时刻不在移动。不易，就是不变的道理。

519. 夫易彰往而察来，而微显阐幽。

（《周易·系辞下》）

解说

《易经》能明明白白地再现过去并考察未来，把隐微的东西显现出来。

520.《象》曰：天行健，君子以自强不息。

（《周易·乾卦》象辞）

解说

《象》传中说，天体运行不息，君子应当效法天，永远奋进以致强大而不停止。

521. 易者，象也，物无不可象也。

（《周易正义·序》）

解说

易经的“易”是通过“象”来表示的。所谓象，就是形象。凡是事物都可以通过形象来表示。

522. 易者，所以断天地，理人伦，而明王道。

（《周易正义·序》）

解说

易经的“易”是用来区分天地，处理人伦关系，阐明王道的。所谓王道，就是协调处理天地人三种关系的道理。孔子曾说：“一贯三为王。”“王”字上面一横代表天，下面一横代表地，中间一横代表人。人在天地之间，能把三者关系协调好处理好的人为“王”。

523. 八卦成列，象在其中矣。

（《周易・系辞下》）

‖ 解说

易经通过乾、坤、震、巽、坎、离、艮、兑八个卦，总括了万物的形象。如乾卦代表天，又代表父；坤卦代表地，又代表母，等等。

524. 夫易者，变化之总名，改换之殊称。

（《周易正义・序》）

‖ 解说

易经的“易”，是用来表示天地万物变化、事物更新替代的总称。

525. 虽有万物之象，其万物变通之理，犹自未备，故因其八卦而更重之。卦有六爻，遂重为六十四卦也。

（《周易正义・序》）

‖ 解说

万物虽有形象，用卦象表示，但万物变通的道理，不能表达完备。于是把八卦互相重叠，形成六十四卦。

526. 乾：元、亨、利、贞。

（《周易・乾卦》卦辞）

‖ 解说

元是开始，亨是亨通，利是利益，贞是坚固。

527. 坤：元亨，利牝马之贞。

（《周易・坤卦》卦辞）

‖ 解说

坤卦是非常吉利的卦，有利于女子的占问。牝马是母马，代表一切阴性、柔弱的事物。

528. 坤至柔而动也刚，至静而德方。

（《周易·文言》）

‖ 解说

易经的坤代表大地，具有非常柔静的特性，但柔静中含有刚正的秉性，这就是阴中有阳的道理。

529. 初六：师出以律，否臧凶。

（《周易·师卦》爻辞）

‖ 解说

出兵打仗要符合规律，否则不管优势还是劣势都有凶险。凡事皆如此。

530. 小往大来，吉亨。

（《周易·泰卦》卦辞）

‖ 解说

小为阴，大为阳。意思是泰卦阳长阴消，是吉利亨通的卦。象征人事付出少收获多。

531. 所乐而玩者，爻之辞也。

（《周易·系辞上》）

‖ 解说

《易经》的爻辞让人乐于品味、研习，明白其中的道理。

532. 慢藏诲盗[1]，冶容诲淫。

（《周易·系辞上》）

‖ 释义

① 诲：教导。

‖ 解说

深藏财物是教人盗窃，女子化妆打扮得妖艳容易招致奸淫之事。

533. 夫易，圣人之所以极深而研几也[1]。

（《周易·系辞上》）

‖ 释义

① 几：事物变化的先兆。

‖ 解说

《易经》是圣人考虑事物最深层的规律探讨事物微妙的先兆而总结出来的。

534. 易穷则变，变则通，通则久。

（《周易·系辞下》）

‖ 解说

《易经》的道理是事物发展到极致的时候会发生转化，朝亨通的方向发展，这样就能长久。

535. 易之为书也，广大悉备，有天道焉，有人道焉，有地道焉。

（《周易·系辞下》）

‖ 解说

《周易》作为经典，内容丰富，包括了天、地、人的规律。

536. 有太易，有太初，有太始，有太素。太易者，未见气也。太初者，气之始也。太始者，形之始也。太素者，质之始也。气、形、质具而未相离谓之浑沌。

（《易纬·乾凿度》）

解说

《易经》用太易、太初、太始、太素四个名词表示万物形成的四个阶段，没有气时为太易，开始有气为太初，开始有形为太始，开始有实体为太素。气、形和实体都具备没有分离叫作浑沌。

537. 人心惟危，道心惟微，惟精惟一，允执厥中。

（《尚书·大禹谟》）

解说

道指自然规律。道心指各种规律的根本。中指最佳点。意思是人心难测，变化不定，危险难安，所谓“一念是生，一念是死”。自然规律，根本在于微妙，因此难知。人只有精诚专一，把握最佳点，才能处理好人和事。

538. 满招损，谦受益，时乃天道。

（《尚书·大禹谟》）

解说

多了就会减少，少了就会增加，这是大自然通行的规律。人事的道理也是如此。

539. 天道福善祸淫。

（《尚书·汤诰》）

‖ 解说

大自然的规律是降福给做好事的人，降祸给做坏事的人。

540. 天作孽，犹可违；自作孽，不可逭[①]。

（《尚书·太甲中》）

‖ 释义

① 逭（huàn）：逃离。这是太甲自我改悔的话。

‖ 解说

天降灾祸还可以躲避，自己招来的灾祸无法逃避。

541. 惟天地万物父母，惟人万物之灵。

（《尚书·泰誓上》）

‖ 解说

万物由天地产生，因此天地是万物的父母，只有人是万物中最具有灵性的。

542. 今天其命哲、命吉凶、命历年。

（《尚书·召诰》）

‖ 解说

大自然赋予人三种命运，即智慧，吉祥和长寿，在于人的修行道德，否则就会愚笨、凶险和短寿。

543. 何谓人情？喜、怒、哀、惧、爱、恶、欲，七者弗学而能。

（《礼记·礼运》）

‖ 解说

高兴、愤怒、悲哀、恐惧、喜爱、憎恶、欲望这七种情感是天生具有的。

544. 故人者，天地之心也，五行之端也，食味、别声、被色而生者也。

（《礼记・礼运》）

解说

金、木、水、火、土为五行。五行代表辛、苦、甘、酸、咸五味，代表宫、商、角、徵、羽五声，代表青、黄、赤、白、黑五色，人能食五味，发出五声，具备五色，所以古人认为人是天地的心脏，五行皆备的首端。因此说人是万物之灵。

545. 天命之谓性，率性之谓道，修道之谓教。

（《礼记・中庸》）

解说

自然赋予人的禀赋称作“性”，遵循本性发展的途径称作“道”，修习“道”称作“教”。

546. 道也者，不可须臾离也[①]，可离非道也。

（《礼记・中庸》）

释义

① 须臾：片刻。

解说

“道”指万事万物存在和发展的规律。意思是“道”是不能片刻离开的，能离开的就不是“道”。

547. 物有本末，事有终始，知所先后，则近道矣。

（《礼记・大学》）

‖ 解说

万物都有本末轻重，万事都有先后始终，知道摆正事物的先后次序，就接近于“道”了。是指把握事物的规律和行动的程序就符合“道”这个总规律。

548. 子曰：“道不远人。人之为道而远人，不可以为道。”

（《礼记·中庸》）

‖ 解说

孔子说，“道”是不远离人的。人如果修“道”而远离了人，就不能修“道”。

549. 道可道，非常道。名可名，非常名。

（《老子》第一章）

‖ 解说

这句话的意思是“道”如果可以用言语来表达，就不是永恒的“道”。“名”如果可以用言语来表达，就不是永恒的“名”。

“道”是中国哲学最古老最抽象的名词之一，也是道家学说最基本的观念。从存在论的观点看，“道”是一种客观存在。从发展论的观点看，“道”是宇宙间一切事物发展变化的规律。因此，它具有我们人类语言不可言说和玄远莫测的特性。“名”是哲学概念，指事物的本质属性，不是我们通常所说的事物的名称，事物的名称只是一种称谓，因此《荀子·正名》说：“名无固宜，约之以命，约定俗成谓之宜，异于约谓之不宜。”

550. 天下皆知美之为美，斯恶矣；皆知善之为善，斯不善已。

（《老子》第二章）

‖ 解说

天下都知道美的东西是美的，恶就产生了。都知道善的东西是善的，不善就产生了。在道家看来，这些都是我们人为设立的标准。正如陈鼓应所说，一切概念与价值都是人为所设定的。庄子说毛嫱、丽姬是人之所美，但鱼见之深入，鸟见之高飞，麋鹿见之决骤，就是对人世间认定的美的否定。

551. 道冲而用之或不盈①。

（《老子》第四章）

‖ 释义

① 冲：虚。本字是“冲”。盈：满。

‖ 解说

“道”是虚空的，如器皿永远不满，万物时时刻刻在用，却永远不穷尽。

552. 天地不仁，以万物为刍狗①。圣人不仁，以百姓为刍狗。

（《老子》第五章）

‖ 释义

① 刍狗：用草或植物秸秆扎成的狗，古代祭祀时所用，用后丢弃。

‖ 解说

天地对万物没有仁爱之心，把万物当作刍狗。圣人对百姓没有仁爱之心，把百姓当作刍狗。道家强调自然，轻人为。“天地不仁，以百物为刍狗”，所谓刍狗，即是应时而作的摆设，天地对于万物，任其自然生死，而非有意为之，故太阳东升西落，草木春生冬死，非有意折磨之，而是顺乎自然。圣人治理天下，亦是顺乎天地自然之理，故百姓也是刍狗。此无为而治之意，如果不以为刍狗，则是有为而治。

553. 谷神不死[①]，是谓玄牝[②]。玄牝之门，是谓天地根。绵绵若存[③]，用之不勤[④]。

（《老子》第六章）

‖ 释义

① 谷：溪谷。“道”有虚空的特性，因此作比喻。

② 玄牝：用来比喻“道”的玄远莫测和生化万物的作用。牝，指雌性。

③ 绵绵：形容山谷之水微细不断的样子。

③ 勤：帛书甲、乙本作“堇”，尽。

‖ 解说

溪谷之神不死，它叫作“玄牝”。玄牝的大门，就是天地的源头。连绵不断似乎永远存在，作用永远没有穷尽。“道”体空虚，用不可测，只好用“谷神”“玄牝”来比喻。溪谷之水，连绵不断，比喻“道”的作用永无穷尽。“玄牝”具有创生万物的功能，具有神秘莫测的特性，天地首先从“玄牝”的门中产生出来，天地再创生万物，生生不息，作用永无穷尽。本章的论述使我们认识到“道”的三个特征：虚空、神秘莫测、永恒的存在与作用。

554. 天长地久。天地所以能长且久者，以其不自生[①]，故能长生。是以圣人后其身而身先，外其身而身存。非以其无私邪？故能成其私。

（《老子》第七章）

‖ 释义

① 自生：为自己生存。

‖ 解说

天地之所以能既长又久，因为不是为了自己生存，所以能长久存在。圣人把自己摆在众人的后面，却能受到众人的尊重和爱戴而被推在前面；圣人把自己置之度外，却使自己长久生存下来。难道不是因为无私吗？所以能成就他个人的理想。

天地之所以长久者以其不自生，故能长生。天地是玄牝所生，是天地之根所生，所以不自生，是无穷无尽的“生命水”供应的，故能长生。天地不为自己而生存，所以能长久地存在。圣人效法天地，所以置身于后却能处在前面，置身于外却能长久存在。不自生与自生、后身与身先、外身与身存、无私与成私，都是两两对立而互相转化的范畴。天地以不自生而长生，圣人以后身而身先，以外身而身存，都是以无私而成私。道家哲学排除了存在的目的性和功利性。

555. 上善若水。水善利万物而不争①，处众人之所恶，故几于道②。

（《老子》第八章）

释义

① 善利：善于对……有益，指滋润万物。

② 几：接近，相似。

解说

最高的善好像水。水能滋润万物而不与万物相争，处于众人所憎恶的卑下地位，与“道”接近。

水有柔弱、沉静、居下、洁净、润泽万物而不争的特性，老子用来比喻“上善”，实际上，水的特性就是“道”的特性。所谓“上善”，吴澄解释为第一等至极之善，有道者之善。孔子主张君子恶居下流，老子主张人要效法水甘居下位。水具有柔和、谦虚、利物、不争等特性，但都是出于自然，不因人的好恶而改变其本性。人效法水，也就是效法它的自然特性。

556. 持而盈之[①]，不如其已[②]；揣而锐之[③]，不可长保；金玉满堂，莫之能守；富贵而骄，自遗其咎[④]。功成名遂身退，天之道。

（《老子》第九章）

‖ 释义

① 盈：器满。

② 已：止。

③ 揣：锤打，指锻造。

④ 咎（jiù）：灾祸。

‖ 解说

守住财富堆积盈满，不如停止。锤打器械使之尖锐锋利，无法长久保持。金玉堆满堂屋，没有人能守得住。富贵而又骄淫，自己留下灾祸。功成名就而能抽身而退，这是大自然的道理。

从哲学观点看，任何事物都是相互转化的，所谓“否极泰来”“泰极否来”。人们对财富、地位甚至制作的器物都是力求达到最高的境界，但是任何事物发展到极限都会向相反的方面转化。月有盈亏，花开花落，四时更替，都是大自然的法则，也就是“道”的法则。所以老子认为“不如其已”“不可长保”“莫之能守”“自遗其咎”，只有“功成名遂身退”，才能符合“道”。历史上因功高震主而遭杀身之祸者不计其数，所谓“功冠天下者不安，威震人主者不全”（《后汉书》卷二十九）；而懂得这个道理而全身尽年者则屈指可数。老子从贴近生活的实例中发现“道”的法则，反对持盈，盈了就要虚，与其虚，不如不盈，好了就要变坏，《红楼梦》中有“好了歌”进一步阐发了这种规律。只有不盈，才能长久。世间越是看得重的，越容易失去。所以说“不可常保”。

557. 载营魄抱一[①]，能无离乎？专气致柔[②]，能婴儿乎？涤除玄览[③]，能无疵乎？爱民治国，能无知乎[④]？天门开阖，

能无雌乎[5]？明白四达，能无为乎？

（《老子》第十章）

释义

① 载：句首语气词。王弼解释为“处”，近人马叙伦认为通“哉”，句尾语气词，连上章读。营魄：魂魄。营，通“魂”。抱一：抱，守。一，古人认为是人体的精气。

② 专：通“抟”，聚结。帛书甲、乙本“专”作“抟”。致：达到。

③ 涤：清洗。玄览：黑色的镜子。比喻心灵。玄，黑色。

④ 知：“智”的古字。

⑤ 无雌：帛书乙本作“为雌”，当从。

解说

精神与身体合一，能做到不分离吗？集结精气达到最柔和的状态，能像婴儿一样吗？清除心灵的杂念，能做到毫无瑕疵吗？爱护百姓治理国家，能不用智慧吗？接受外界信息的五官，能够处柔守静吗。如日月的光辉明白布于四方，能够做到自然无为吗？

“道”作用于万物，其具体体现叫作“德”。“道”因高深玄妙，因此“德”叫作“玄德”。“道”作用于人，小可以修身，大可以治国。本章前三句所论的“营魄抱一”“专气致柔”“涤除玄览”是修身的功夫或具体的方法。所谓“无离”“能婴儿”“无疵”无非是说处柔守静，保持身体的自然状态，达到与“道”同一。爱民治国不用智慧，即是无为。圣人治国，当效法天门和日月发光的自然无为。“天门”无论作何种解释，都是一种自然的状态，所起的作用也是自然而然。

558. 生之畜之，生而不有，为而不恃[1]，长而不宰，是谓玄德[2]。

（《老子》第十章）

‖ 释义

① 为：指顺应自然的施为。恃：依赖。

② 玄德：高深奥妙的“德”。德，指“道”的具体功用，即作用于万物的具体体现，是相对于“道”的一种哲学范畴。

‖ 解说

万物生长而不占有，顺物而为而无所依赖，使万物生长而不主宰它，这就是最高深的“德”。

“道”作用于万物，其具体体现叫作“德”。“道”因高深玄妙，因此“德”叫作“玄德”。“道”作用于人，小可以修身，大可以治国。“道”生养并作用于万物，但不占有，不主宰，不恃报答，皆是出于自然，因此圣人治国，当效法之。

559. 三十辐共一毂①，当其无②，有车之用。埏埴以为器③，当其无，有器之用。凿户牖以为室④，当其无，有室之用⑤。故有之以为利，无之以为用。

（《老子》第十一章）

‖ 释义

① 辐：车轮的辐条，连接车轴和轮圈的直木。三十辐，古代车子用三十根辐条，取每月三十天之数。毂(gǔ)：车轮中心的圆木，中间有孔，可以插入车轴，外围插入辐条。

② 当（dàng）：相称。无：指物体的虚空部分。

③ 埏埴（shān zhí）：埏，和泥。古本作“挻”，亦通。埴，黏土。

④ 户：门，单扇门。牖（yǒu）：窗户。

⑤ 有：指物体的实体部分。

‖ 解说

三十根辐条插入车轮中心，车辐和车毂与车轮中间的空虚部分相互配合，使车子发挥作用。和泥制作陶器。空虚的部分形成器皿的作用。房屋开门开窗，空虚的部分形成房间的作用。物体的实有部分形成效益，物体的虚空部分发挥作用。

“有”与“无”是一种相互依存、相互转化又相互发挥作用的关系。没有“有”，也就无所谓“无”；没有“无”，也就无所谓“有”。只有“有”，没有“无”，“有”不能发挥实际的效益；只有“无”，没有“有”，“无”也没法起作用。现实生活中，人们只关注有形的表面的东西，只看到“有”在发挥作用，很少关注到无形的本质的东西，看不到“无”所起的作用。

560. 视之不见名曰夷①，听之不闻名曰希②，搏之不得名曰微③。此三者不可致诘④，故混而为一⑤。

（《老子》第十四章）

释义

① 夷：细微，这里指无色。

② 希：“稀”的古字。这里指无声。

③ 搏：帛书甲、乙本作“播”，抚摸。微：指无形。

④ 诘：追问。诘，帛书甲、乙本作“计”，计量。

⑤ 一：指“道”。“道”具有统一性、完整性。

解说

“道”是用肉眼看不到的，姑且称它作“夷”。“道”是用耳朵听不见的，姑且称它作“希”。“道”是用手拍摸不到的，姑且称它作“微”。“道”的三个特征无法追问到底，所以混同为一。

人的感官，只能感知具体有色、有声、有形的事物，而“道”是一种“无”，因此看不见、听不到、摸不着。希、夷、微是对声、形、象的抽象，“混而为一”则是在此基础上的最高的抽象，决定了“道”在时间上是无始无终，在空间上是无首无尾，无上无下的。因此，“道”不能由经验得来，不能从逻辑推理，只能“悟”。

561. 保此道者不欲盈[①]。夫唯不盈，故能蔽不新成[②]。

（《老子》第十五章）

‖ 释义

① 保：持有。

② 蔽：通“敝”。破旧。帛书甲本残，乙本作“𢿪”，通“敝”。新成：成就新的东西。

‖ 解说

保持“道”的人不求盈满。正因为不盈满，所以能处在破旧状态不成就什么新的东西。

体道之士的种种特征归结起来无非是阴柔和自然，这正是“道”作用于万物的特征。不盈就是虚。“蔽不新成”，帛书本作“𢿪而不成”，或释“不”为“丕”，不成犹丕成，大成之意，未确。“敝”与“成”是从人的标准看的，“道”只是自然，无敝亦无成。所以庄子说“道”：“其分也，成也；其成也，毁也。”

562. 夫物芸芸[①]，各复归其根[②]。归根曰静，是谓复命[③]；复命曰常[④]，知常曰明。不知常，妄作凶。

（《老子》第十六章）

‖ 释义

① 芸芸：纷纭。

② 复：回归。指万物自始至终、终而复始的变化规律。根：指事物内部的本质和必然性的稳定不变。

③ 命：事物的客观状态。

④ 常：常规，指规律。

解说

万物纷纭回归根本，回到事物的本质状态叫作“静”，这叫作回归本性。回归本性是客观规律，不知规律而胡作非为有灾难。

563. 大道废，有仁义；慧智出，有大伪①；六亲不和②，有孝慈；国家昏乱③，有忠臣。

（《老子》第十八章）

释义

① 伪：人为。引申为虚伪奸诈。

② 六亲：父子、兄弟、夫妇。一说指父子、兄弟、姑姊、甥舅、婚媾、姻亚六种亲属关系。

③ 昏乱：政治黑暗为昏，盗贼横行为乱。

解说

大道被废弃，于是产生了仁义。智慧产生，就出现了厉害的人为。六亲不和睦，于是提倡孝慈。国家昏乱，于是产生忠臣。

《礼记·礼运》描绘了“大道之行也，天下为公”的“大同”社会与“大道既隐，天下为家”的“小康”社会，即使是“大同”社会，与老子所描绘的大道未废的社会仍然不同。因为“大同”社会仍然是以仁爱为基础，以“选贤与能，讲信修睦”为基础的社会。老子所说的大道未废的社会是不存在任何社会价值取向的。老子从大道被废的社会状况倡导的种种价值标准“仁义”“孝慈”“忠臣”等来证明大道未废的社会是一种自然和谐的社会，而不是人为和谐的社会。从哲学角度看，任何事物相依相存，仁义是相对于不仁义而存在的，有仁义是因为有不仁义；孝慈是相对于不孝慈存在的，有孝慈是因为有不孝慈；忠臣是相对于奸臣存在的，有忠臣是因为有奸臣。老子认为这是大道废弃的结果，所谓“失道而后德，失德而后仁，失仁而后义，失义而后礼”（《老子》第三十八章）。

564. 绝学无忧。唯之与阿[①]，相去几何[②]？善之与恶，相去若何[③]？

（《老子》第二十章）

‖ 释义

① 唯：答应，指肯定。阿：通“呵”。呵斥，指否定。

② 几何：多少。

③ 若何：几何，多少。

‖ 解说

摒弃知识的追求而归于“道”则没有忧愁。肯定与否定、善与恶究竟相差多少？

上章言“绝圣弃智”，此章接着论述“绝学”。反对求知，是道家主张回归于“道”的一大途径。庄子说：“吾生也有涯，而知也无涯，以有涯随无涯，殆已。”（《庄子·养生主》）人生而有知，若要无知，就只好回到婴儿状态。世间的“唯”与“阿”、“美”与“恶”，是用智的评价标准，是人为设立的标准，是道家反对的。儒家主张明辨是非，道家主张混淆是非。

565. 孔德之容[①]，惟道是从。道之为物，惟恍惟惚[②]。惚兮恍兮，其中有象[③]。恍兮惚兮，其中有物[④]。窈兮冥兮[⑤]，其中有精[⑥]。

（《老子》第二十一章）

‖ 释义

① 孔：大。

② 恍、惚：混沌模糊，若明若暗。恍有明义，惚有暗义。

③ 象：形象，物象。《周易·系辞上》："见乃谓之象。"

④ 物：实物，具体的物质。

⑤ 窈：幽深。古本作"幽"。冥：暗昧。

⑥ 精：精气。古人认为精气是最纯最细微的生命原质。

‖ 解说

大"德"的情状，只顺从于"道"。"道"对物的作用，表现为具体事物得以存在的内在依据和外在条件。"道"化生万物，恍惚难明，似有若无，其中有形象，其中有精气。

《庄子·天地》："物得以生谓之德。"相对于"道"而言，"德"是具体的、确定的，狭义的"道"即"无"，是无所不包的，所以"德"是"惟道是从"。"道"在作用为"德"，即衍化万物的过程中表现出的"象""物""精"，似乎可以被人们认识，但又是那样恍惚难明，仍然是"无状之状，无物之象"，因此只能停留在"名"之上。狭义的"道"表现在万物中，呈现出"德"，在生成过程中似有非有，似无非无，无中有有，有中有无，是混沌状态，具有模糊性、恍惚性。我们可以通过"道"衍生"德"的过程，可以认识万物生化的本源，这正是"道"的认识意义。没有"道"，人类的认识也许只能停留在"德"的层面上，也就只能认识事物的表象而非本质。

566. 曲则全①，枉则直②，洼则盈，敝则新，少则得，多则惑③。是以圣人抱一为天下式。

（《老子》第二十二章）

‖ 释义

① 曲：偏。全：全体，完整。

② 枉：本义是木材邪曲，泛指弯曲。

③ 惑：迷乱。

‖ 解说

局部能转化为整体。弯曲能转化成直的。低洼能转化为盈满。破旧能转化成新的。取少能够得多，贪多反而迷惑。圣人守“道”建立天下的准则。

“则”是表肯定判断的副词，可以翻译成“就是”。本章开头的六个“则”字，如果直接翻译，从逻辑上是讲不通的。老子的哲学，正是这种似非而是。所谓似非而是，就是辩证思维不能用逻辑思维来推理。老子把相反的两个概念放在一起来论述，如第二章的“有无相生，难易相成，长短相较，高下相倾，音声相和，前后相随”，说的是依存关系。老子在这一章里说的是转化关系。“曲”不是“全”，但是“曲”可以转化为“全”，采用“曲”的方式可以达到“全”的目的。“枉”与“直”、“洼”与“盈”、“敝”与“新”、“少”与“多”，莫不如此。这也是“道”的规律。人们处在有限的状态中，总力求把有限用得更好更完美，那就必须遵循“道”的规律，去求取最大值。这是“道”外用于物的智慧。老子不仅仅论“道”，更重要的要让人学会用“道”，圣人是众人效法的榜样，所以能“抱一为天下式”“诚全而归之”。归于“道”，论与用的问题就全部解决了。

567. 希言自然①。故飘风不终朝，骤雨不终日。孰为此者？天地。天地尚不能久，而况于人乎？

（《老子》第二十三章）

‖ 释义

① 希：“稀”的古字。

‖ 解说

寡言合乎自然。疾风不能刮一整天，暴雨不能下一整日。

是谁形成疾风暴雨的？是天地。天地的行为尚且不能长久，何况人呢？

老子取飘风骤雨这些自然现象说明迅起之物不能长久，人的行为方式与天地相比更为短暂，所以人类的言辞教令虽能奏效于一时，但不能长久。若要长久，就得效法自然，与“道”相合。“希言自然”，暗含了两重意思。一是“自然”是“希言”的。孔子说过：“天何言哉，四时行焉，百物生焉。”（《论语·阳货》）二是人要效法“自然”的“希言”，因为“为者败之”。人类的言辞教令，不是一种自然的行为，而是人为。就人而言，“希言”就是“行不言之教”，“自然”就是“居无为之事”。人类的行为违背了“道”，只能是失败。

568. 人法地[1]，地法天，天法道，道法自然[2]。

（《老子》第二十五章）

释义

① 法：效法。

② 自然：自然而然，指“道”本来的样子。

解说

人效法大地，大地效法天，天效法“道”，“道”效法自然。

人是天地的一分子，天地又是“道”的一分子。地与人最近，所以“人法地”；地在天之中，所以“地法天”；天在“道”之中，所以“天法道”。“道”无所法，只好自己效法自己，所以“道法自然”。

569. 重为轻根[1]，静为躁君[2]。是以圣人终日行不离辎重。……轻则失本，躁则失君。

（《老子》第二十六章）

‖ 释义

① 重：辎（zī）车，古代战争用来装载军需物品的车子。轻：轻车，古代人出行所乘的车子。

② 躁：动。君：主宰。

‖ 解说

重车是轻车的根本，泛指重是轻的根本。静是动的主宰。圣人会抓住事物的根本。轻与躁会失去根本。

在重与轻、静与躁的矛盾对立中，重与静处于主导地位。以重御轻，以静制动，就是遵循“道”的原则。守“道”则重，离“道”则轻；合“道”则静，离“道”则躁。老子在第三十九章里说：“贵以贱为本，高以下为基。”就人而言，贵总是少数，所以轻；贱总是多数，所以重。孟子也指出“民贵君轻”。高总是少数，所以轻；下总是多数，所以重。就个人而言，自我本性是重，外在的名利是轻。人若失去本性，丧失自我，就会轻率浮躁。这就是为什么战争的主帅居重车中指挥，圣人、君子“终日行而不离辎重”的道理。

570. 知其雄①，守其雌②，为天下溪。为天下溪③，常德不离，复归于婴儿④。

（《老子》第二十八章）

‖ 释义

① 雄：代表阳、刚、动，比喻有为。

② 雌：代表阴、柔、静，比喻无为。

③ 溪：溪谷，比喻谦卑。

④ 婴儿，比喻质朴纯真。

‖ 解说

知道阳刚却守住阴柔，显示出最谦卑。永恒的“德”不离开自身。回归到婴儿状态。

这一章里的“雄”“白”“荣”代表阳刚的一面，与“雌”“黑”“辱”代表阴柔的一面。自然界阴柔的代表是“溪”“谷”，人阴柔的代表是“婴儿”。阳刚是有为的，阴柔是无为的，与“道”相合。人效法阴柔，即是效法“道”。“婴儿”是人的初始状态，“朴”是“道”的原始状态。“朴”是未曾加工的木料，是质朴无华的，是自然的状态，是无为的状态；“婴儿”未经尘世的污染，是自然的状态，是纯真的状态，也是无为的状态。人回归于婴儿，也就是回归到“道”的状态。

571. 物壮则老，是谓不道，不道早已[①]。

（《老子》第三十章）

释义

① 不道：不合“道”。已：停止，指衰亡。

解说

事物强壮就走向衰老。不该强壮而强壮就不合道，不合道就会早早灭亡。

从自然规律看，强大的东西总是向弱小转化的，“物壮则老”，“老”则“不道”，不合“道”的东西是不能长久的。西方谚语说，上帝要让他灭亡，必先让他疯狂。这个道理老子早已揭示了。

572. 道之出口，淡乎其无味。视之不足见，听之不足闻，用之不足既[①]。

（《老子》第三十五章）

释义

① 既：尽。

解说

“道”用言语表达出来，平淡而无味。“道”，看也看不见，听也听不到，用也用不尽。

有声有形的东西容易吸引人们的注意，而无声无形的“道”则被人们所忽视，这就是形而下与形而上的区别，也是圣人与大众的区别。“道”的作用也是无声无形的，也往往被人们忽略。“道”的普遍性决定了它的作用的普遍性，道家关注的是整个宇宙自然，而不是人类社会的某个时空点。

573. 将欲歙之[①]，必固张之；将欲弱之，必固强之；将欲废之，必固兴之；将欲夺之，必固与之；是谓微明。[②]

（《老子》第三十六章）

释义

① 歙（xī）：本义是吸气，通“翕（xī）”，收缩，合拢。

② 微明：本指日月阴晴圆缺的变化。

解说

将要收缩它，必定先扩张它。将要削弱它，必定先增强它。将要废除它，必定先振兴它。将要夺取它，必定先给予它。这叫做作事物由幽微向显明的转化。

歙与张、弱与强、废与兴、夺与与，是事物对立的两面，总是互相转化的。歙、弱、废、夺是事物处于“微”的状态，张、强、兴、与是事物处于“明”的状态。由“微”而“明”，由“明”而“微”，是“道”的普遍规律。懂得这个规律，就是懂得“道”。正如“明月几时有”，事物处于“明”的时候总是短暂的，处于“微”的时候总是长久的，所以道家向来反对持盈，主张守柔，因为柔弱胜刚强。“道”的运行，总是让将要“微”的事物先“明”，西方所谓“上帝要使它灭亡，必定先让它疯狂”，与老子意出一辙。

574. 道常无为而无不为①。侯王若能守之，万物将自化②。

（《老子》第三十七章）

释义

① 无不为：指万物无不由“道”的作用而成。

② 化：化育。古人认为“化”是一种内容的质的变化，与“变”指形式的变化不同。

解说

“道”永远顺其自然无所为而没有什么不是它所为。侯王如果能守“道”，万物将自然化育而成长。

《老子》第三十五章讲到“道常无名”，“侯王若能守之，万物将自宾”，主要谈及“朴”与“名”的问题，此章则是论述“道”与万物的关系，万物自化，是“道”无为的结果。万物在化育的过程中，总是想有自主的意识，这是物欲产生的原因。“为”是从人的角度看的，“道”无所谓“为”与“不为”。“无不为”是“道”“无为”的结果，懂得“道”的人，只有使万物的这种看似有为的现象符合“道”的“无为”的本质，天下才会安宁太平。万物的欲望是一种自然行为，关键是怎样引导和抑制这种欲望，达到自然的状态，所以老子主张“为腹不为目”（第十二章），“去甚，去奢，去泰”（第二十九章）。陈鼓应说，本章提示出理想的政治在于无为而自化——让人民自我化育，自我体现。

575. 贵以贱为本，高以下为基。是以侯王自称孤、寡、不谷，此非以贱为本邪？

（《老子》第三十九章）

‖ 解说

高贵以低贱为根本，崇高以低下为基础。所以侯王称自己是“孤”“寡”“不谷”。这不是以贱为根本吗？难道不是吗？

老子由“道”的这种本源意义引申出“贵以贱为本，高以下为基”的道理，自然不遭破坏，万物不遭毁灭，政权不遭垮台，都必须重视根基，这根基就是“道”。

576. 反者①，道之动。弱者，道之用。天下万物生于有，有生于无。

（《老子》第四十章）

‖ 释义

① 反：相反。一说通“返”，返回，指返回本始。

‖ 解说

朝相反的方向转化，是“道”的运动规律。保持柔弱，是“道”的作用。天下万物从“有”产生，“有”又从“无”产生。“有”是实有，可以理解为一种有形的存在；“无”，并不是什么都没有，而是一种无形的存在，视之不见，听之不闻，搏之不得而已。“弱”代表新生，万物的强无不是从弱小开始的，“弱”是事物的起点，“道”通过“弱”来表现它的作用。如婴儿含德之厚，“弱”更完整地保持着“道”的特性，更能体现“道”的作用。

577. 大方无隅①，大器晚成，大音希声②，大象无形。道隐无名。夫唯道，善贷且成③。

（《老子》第四十一章）

‖ 释义

① 隅：角。

② 希：“稀”的古字，稀少。

③ 贷：借予。

解说

最方正的没有棱角。最大的器物最后制成。最大的声音反而没有声音。最大的物象没有形迹。“道”隐微没有名称。“道”善于施舍万物而使之生成。

“道”的价值正在这种隐微和无名之中，给万物提供生存的条件和无私的帮助。但这种施舍是一种“贷”，按成克巩的注，“贷”是救人之急而最终要还的。万物就在“道”的循环往复的作用下，不断地“贷”，又不断地“还贷”，所以，“道”的无为永远是“贷”，人的有为永远是“还贷”。

578. 道生一，一生二，二生三，三生万物。万物负阴而抱阳①，冲气以为和②。

（《老子》第四十二章）

释义

① 负：背靠着。

② 冲：虚。

解说

“道”的“无”生出阴阳不分、有无一体的“一”，“一”分化为阴阳始分、有无对立的“二”，“二”分化为阴、阳和阴阳相互转化（即天、地、人）的“三”，“三”分化为万物。一种解释“一”加上“二”是“三”。万物都背阴而朝阳，阴阳二气相互涌动形成和谐的统一体。

从历时性来说，“道”的根本性表现为万物之源。从“一”至“二”至“三”以至“万”，皆以“和”为根本，“和”体现了“道”自然无为的特性，是万物之“和”，后文提到的王公的谦称是人之“和”，物的损益转化也是“和”。人为强梁，不合“和”之道，所以不得其死。“和”是“道”作用于万物的规律，人必须效法它。人与人、人与自然的和谐相处，是由“道”的本质决定的。

579. 天下之至柔，驰骋天下之至坚[①]。无有入无间，吾是以知无为之有益。不言之教，无为之益，天下希及之[②]。

（《老子》第四十三章）

‖ 释义

① 驰骋：本指驱马奔驰，比喻自由穿行。

② 及：达到，指做到。

‖ 解说

天下最柔弱的东西，能在最坚硬的东西中奔驰穿行。没有形体的东西，能穿透没有间隙的物体。不用言辞的教导，无为的益处，天下很少有人能做到。

水滴石穿本是日常生活中人所共知的道理，老子却能从这日常道理中发现“道”的“无”对万物的“有”所产生的巨大作用，发现“道”的无为之益，人的不言之教的对治理的功效。这是哲人与众生的区别，天下希及之也就不足为怪了。

580. 大成若缺[①]，其用不弊[②]。大盈若冲[③]，其用不穷。大直若屈，大巧若拙，大辩若讷[④]。

（《老子》第四十五章）

‖ 释义

① 成：指成器。

② 弊：通“敝”。破败。

③ 盈：满。冲：虚。

④ 讷（nè）：言语迟钝，说话结结巴巴。

解说

最大形制的东西好像有缺陷，它的作用永不破败。最满的东西好像空虚，它的作用永不穷尽。最直的东西好像是弯的。最灵巧的东西好像是笨拙的。最善辩的好像言语迟钝。

大成、大盈、大直、大巧、大辩，都是“道”作用于万物的最高程度，因此总是表现出缺、冲、屈、拙、讷等不足的特性，这种特性正是“道”的不确定性所赋予的。不弊、不穷，正是“道”的无限性所决定的。五个“大”字，也是“道”大所决定的，是合“道”之大。不合“道”就不能称“大”，也就不能表现出这些合“道”的特性。

581. 躁胜寒①，静胜热，清静为天下正。

（《老子》第四十五章）

释义

① 躁：动。

解说

运动能战胜寒冷，清静能克服炎热，因此清静无为是天下的真理。

老子的辩证法，都是统一在“道”之下的。清静为天下正，因为清静是合“道”的，不仅仅是修身的心理和生理的需要。

582. 不出户①，知天下；不窥牖②，见天道③。其出弥远④，其知弥少。是以圣人不行而知，不见而名⑤，不为而成。

（《老子》第四十七章）

‖ 释义

① 户：单扇的门。

② 窥：探头看。牖（yǒu）：窗户。

③ 天道：自然规律。天，指自然。道，指规律。

④ 弥：更。

⑤ 名：通“明”。

‖ 解说

不出房门，就能了解天下之事。不望窗外，就能了解自然规律。出门越远，了解“道”越少。所以圣人不必亲自经历就能知道，不用亲眼所见就能明白，不做什么就能成功。

“道”是存在于万物之中的普遍规律，是超经验的，并不是人们能通过直接经验而获得的，越是去追求，离天道就越远，因此，不需出户窥牖，就能体“道”悟“道”。道家反对求知，不是从人的角度，而是从“道”的角度，道家是从“道”的视野来观照我们的自然界的，所以说“其出弥远，其知弥少”。这一点，历来对道家的反对求知存在误解。圣人的不行、不见、不为，是透过“道”的表象去探求“道”的本质，去把握“道”的抽象的本质。“道”是看不到、听不见、摸不着的，而行、见、为是对客观现象的作用，对把握“道”没有任何意义。圣人的“知”“名”和“成”都应该与“道”联系起来理解，其对象是“道”而不是万物。陈鼓应说，老子不重外在经验知识而重内在直观自省。

583. 道生之，德畜之，物形之，势成之。是以万物莫不尊道而贵德。道之尊，德之贵，夫莫之命而常自然[①]。

（《老子》第五十一章）

‖ 释义

① 命：命令。

‖ 解说

“道”生出万物，“德”蓄养万物，通过具体的物质赋予形体，通过客观情境使之长成。所以万物没有不尊重“道”和“德”的。“道”和“德”的尊贵，并没有什么东西下命令安排，而是永远出于自然。

第十章就人的修身论述“玄德”，此章是就物的长育论述“玄德”，把“道”生万物的内在逻辑和本质特征揭示出来。“道”针对的是整体，“德”针对的是个体，整体和个体密不可分，所以“道”“德”要同等尊重。“道”决定着“德”的发展，是“德”的内在本质；“德”是“道”的外在表现，是“道”的具体化。物形之，势成之，又是“德”的演化。长育、成熟、养护，是“德”施加给万物的作用。归根结底，“道”和“德”是一体的，一切顺其自然，其力量是自然的，其作用也是自然的，非人为的。

584. 天下有始，以为天下母。既得其母①，以知其子；既知其子，复守其母，没身不殆。

（《老子》第五十二章）

‖ 释义

①母：指本源。

‖ 解说

天下万物都有起始，把它作为万物的本源。把握了本源，就能认识万物。认识了万物之后，再把握它的本源，终身不会有危险。

《老子》第一章讲到“无名，天地之始；有名，万物之母”，此章“天下有始，以为天下母”，应该是比天地万物更高一个层次。无名是天地产生之先的混沌状态，有名则是天地已生的状态。天下有始，这个“始”就是“道”，是混沌状态之前的“无”

的状态，所以是“天下母”而不是“万物之母”。“子”则是“有名”的状态。用母与子的关系作比喻，清晰地说明了“道”与天地万物的关系。

585. 塞其兑，闭其门，终身不勤[①]。开其兑，济其事，终身不救。见小曰明，守柔曰强。用其光，复归其明，无遗身殃，是为习常[②]。

（《老子》第五十二章）

‖ 释义

① 勤：劳苦。

② 习：合。帛书甲乙本、古本作“袭”，义通。

‖ 解说

堵塞耳目等嗜欲的孔穴，关闭嗜欲的门户，终身不会辛苦。打开嗜欲的孔穴，完成具体的事务，终身危险不可救药。洞察精微叫作明，守持柔弱叫作强。运用“道”的光辉，找回“道”的洞明，不给自身留下祸殃，这是合于常道。

“道”因为比较抽象，人们难以把握，因而人们要从万物去认识它。万物的现象又纷繁复杂，通过耳目鼻口等感官去探求，又容易产生无穷的欲望，扰乱了对“道”的认识，只好“塞其兑，闭其门”。因此，只有在把握本源即“得其母”的基础上去认识万物，在认识万物即“知其子”的基础上去把握“道”，才能没有危险。用“道”的光辉照耀人类把握“道”的途径，用“道”的原理激发人类把握“道”的智慧。

586. 知和曰常[①]，知常曰明，益生曰祥[②]，心使气曰强。物壮则老，谓之不道，不道早已。

（《老子》第五十五章）

释义

① 常：常道，指一般规律。

② 祥：妖祥，祸殃。

解说

认识中和的道理即是把握了“常”。认识“常”的道理叫作“明”。过分养生叫作灾殃。任心使气叫作“强”。事物强壮就会衰老，这就叫不合“道”，不合“道”会早早灭亡。

人如果能懂得事物的规律，就是“明”。人们往往不能效法“道”，因而总是“益生”，总是“心使气”，这就违背了常道。物壮则老是自然规律，人们追求强壮，就是不合“道”的行为，就会遭到“道”的惩罚而早早灭亡。

587. 大国者下流。天下之交，天下之牝[①]。牝常以静胜牡，以静为下。

（《老子》第六十一章）

释义

① 牝：雌性，比喻柔静。

解说

大国要效法水的下游。下流是百川的交汇处，如同雌性的柔静。雌性常常因为柔静胜过雄性，因为柔静甘居下位。

老子以“牝常以静胜牡”的道理，把守柔谦下应用于国际外交原则，指出大国应居下流，既具有现实意义，又具有理论价值。守柔谦下的理论依据是“道”。所谓善下才能处上，能后方能居前，为人已愈有，予人已愈多。只有合“道”，才能各得所欲。各得所欲是和谐，而“和”又是“道”具有的特性。

588. 道者，万物之奥[①]，善人之宝，不善人之所保。……故立天子，置三公[②]，虽有拱璧以先驷马[③]，不如坐进此道。

（《老子·第六十二章》）

‖ 释义

① 奥：室中的西南角，是家庭中父亲所处的位置，是主位。诸家解释皆误。

② 三公：周代设置的太师、太傅、太保，是地位最高的官。

③ 拱璧：两手合围的璧玉。拱，两手合围。

‖ 解说

“道”是万物之主，善人的珍宝，不善人的依靠保护。所以设立天子、三公，先献上大块璧玉再进奉驷马，不如安坐进献此“道”。

“道”之可贵，老子在许多章节都已论及，本章主要从人事的角度来论述。落实到社会，人总是分善与不善的。“道”对善人的作用在于提高善的层次，所谓“美言可以市，尊行可以加人”，有求必得，所以是善人之宝。对不善人，“道”并不抛弃他们，因为“道”本不分善与不善的。善与不善是从人的角度划分的，不是从“道”的角度划分的。不善之人，“道”可以教化他们。

589. 江海之所以能为百谷王者[①]，以其善下之，故能为百谷王。是以圣人欲上民，必以言下之；欲先民，必以身后之。是以圣人处上而民不重，处前而民不害。是以天下乐推而不厌。以其不争，故天下莫能与之争。

（《老子》第六十六章）

‖ 释义

① 谷：河谷，指河流。

‖ 解说

江海之所以能形成百川归往，因为善于处在低下之处。因此圣人要处在民众之上，必须要用言辞表示谦卑；要处在民众之前，必须要置身于民众之后。因此圣人处在上位，处在前面，百姓不感到负担沉重，不感到有危害，因而天下人乐于拥戴他而不厌弃。因为他不争，所以天下没有人能同他争。

所谓“海纳百川”，因为它善处下，能容纳众流，又不与百川争流，所以能成为百谷王。老子用这浅显的自然界的道理来说明圣人为什么要言下于民，身后于民，为什么要不争。自然界的道理就是“道”，圣人所做的，无非是顺“道”而行。既是顺“道”而行，百姓就不会感到有重担，感到有危害，才能乐推而不厌。总而言之，江海是自然而然，圣人也是自然而然。

590. 我有三宝，持而保之[①]：一曰慈，二曰俭，三曰不敢为天下先。慈故能勇，俭故能广，不敢为天下先故能成器长。今舍慈且勇，舍俭且广，舍后且先，死矣！夫慈，以战则胜，以守则固。天将救之，以慈卫之。

（《老子》第六十七章）

‖ 释义

① 保：古本作“宝”。

‖ 解说

我有三件法宝，持守并保全它。一件叫作“慈”，一件叫作“俭”，一件叫作“不敢处于天下人之前”。有慈所以能勇敢，有俭所以能宽裕，不敢居先所以能成为万物的首领。如果不慈而逞勇，不俭而求宽裕，不处后而争先，只有死路一条。用“慈”这件宝，战能取胜，防守能守得牢固。上天要救助谁，用“慈”来护卫他。

本章论“道”的广大，正因为大，所以不像具体事物。老子从“道”中提炼出三个法宝，慈是仁爱之心，对万物充满仁爱，是“道”的一种本质，所谓“生而不有，为而不恃，长而不宰”。慈与勇相对，慈是大爱，是柔，是无私心的，所以能勇。勇不以慈为基础就是匹夫之勇，没有力量的勇。俭，有多种含义，用于财物是节俭，用于修养是收敛，有俭才能顺时而动，才能韬光养晦，才能包容一切。不先就是不争，不争才能莫能与之争。可见，老子的三宝是取法于“江海为百谷王”。

591. 勇于敢则杀①，勇于不敢则活②。此两者或利或害。天之所恶③，孰知其故？是以圣人犹难之。天之道，不争而善胜，不言而善应，不召而自来，繟然而善谋④。天网恢恢⑤，疏而不失。

（《老子》第七十三章）

释义

① 敢：指刚强激进。

② 不敢：指柔弱退守。

③ 恶（wù）：憎恶，厌恶。

④ 繟（chǎn）然：宽缓的样子。

⑤ 恢恢：宽广的样子。

解说

勇于逞强就会招杀身之祸，善于守柔就会保全生命。这两种勇，有的得利，有的受害。上天厌恶的东西，谁知道它的原因。上天的道理，不争斗却善于取胜。不用召唤万物自动到来。从容舒缓却善于谋划。天网宽广无边，稀疏却不会漏失。

敢与不敢都属于人的行为，但“敢”违背天道，“不敢”则合于天道。合于天道则有利，违背天道则有害。天道即自然之道，是“道”的一部分。不争、不言、不召、繟然、恢恢，都是天的特性；善胜、自来、善谋、不失都是天道的功能。“道”的特性决定了天道的特性，“道”的功能决定了天道的功能。因此，人应该顺应天道，顺其自然。

592. 人之生也柔弱，其死也坚强①。万物草木之生也柔脆，其死也枯槁。故坚强者死之徒，柔弱者生之徒。是以兵强则不胜，木强则兵②。强大处下，柔弱处上。

（《老子》第七十六章）

释义

① 坚：古本作“刚”。

② 兵：斧头，指砍削。

解说

人初生的时候身体是柔嫩软弱的，死了变得僵硬。万物草木初生时是柔嫩脆弱的，死了变得干枯。所以僵硬的东西属于死亡一类，柔弱的东西属于有生命的一类。所以用兵逞强不会取胜，树木粗壮会遭砍断。强大处下风，柔弱占上风。

老子从人和万物草木初生时柔嫩脆弱，死时僵硬枯槁的自然现象，概括出强者死之徒、柔弱者生之徒的道理，总结出强大处下、柔弱处上的哲学理论，来奠定“道”主张守柔的根基。柔弱是生命的起点，是具有无限生命力的，而坚强者是接近生命终点的，是生命力走向衰竭的阶段。柔弱向坚强转化，是生向死的转化。守柔是保持生命力的一种方法和手段。凡事不可过，儒家主张中庸，与道家的思想有相通之处。陈鼓应说，本章为老子贵柔戒刚的思想。

593. 天之道，其犹张弓与？高者抑之①，下者举之；有

余者损之[②]，不足者补之。天之道，损有余而补不足。人之道则不然，损不足以奉有余。孰能有余以奉天下，唯有道者。

（《老子》第七十七章）

‖ 释义

① 抑：往下压。

② 损：减少。

‖ 解说

大自然的法则，大概就像绷上弓弦吧？弓弦高了要压低它，弓弦低了要抬高它。弓弦长了要减短它，弓弦短了要加长它。大自然的法则，减少有余来补充不足。人世的准则却不是这样，是减少不足来奉献给有余的。谁能把多余的奉献给天下呢？只有有“道”的人。

老子用绑缚弓弦的日常生活道理总结出自然法则，天道损有余以补不足，所谓“高山为谷，深谷为陵”。有余向不足转化，不足向有余转化。而人世的准则恰恰相反，损不足以奉有余。人世的准则是人为的标准，不是自然法则。有“道”的人能按自然法则去做，能把自己的有余去补天下的不足。

594. 天下莫柔弱于水，而攻坚强者莫之能胜，其无以易之。弱之胜强，柔之胜刚，天下莫不知，莫能行。是以圣人云：“受国之垢，是谓社稷主[①]；受国不祥，是为天下王。”正言若反。

（《老子》第七十八章）

‖ 释义

① 社稷：指国家。社，土神；稷，谷神。

解说

天下没有什么东西比水更柔弱的了，但攻击坚硬的东西却没有东西比得上它，因为这种作用没有什么能代替。柔弱胜刚强，天下没有谁不知道，却没有谁能去做到。因此圣人说："能承受国家的耻辱，这才能叫作国家的君主；能承受国家的灾难，这才能叫作天下的君王。"正面的话好像是反话。

水的以柔克刚，不是一滴水的作用，是众多水滴的作用；不是一时的作用，是长久的作用。人的缺点之一，是任何事情不能长期坚持，所谓"靡不有初，鲜克有终"。中国文化精神之一是慎始敬终，这种精神是符合道家尚柔的法则的。水因为善处下，处下就得能藏污纳垢。老子从这一道理中，生发出圣人能受国之垢、国之不祥，才能成为社稷主、天下王。正言若反，正言本不反，貌似反；从"道"的角度看不反，从人的角度看，似反。天下莫不知的"知"，只知水的作用，不知"道"的作用，所以莫能行。陈鼓应说，老子以水为例，说明柔克刚的道理。

595. 和大怨，必有余怨，安可以为善？是以圣人执左契①，而不责于人②。有德司契③，无德司彻④。天道无亲，常与善人⑤。

（《老子》第七十九章）

释义

① 契：古代借贷的凭证，多为木制或竹制，借贷双方各执一半，借方执右券，贷方执左券。

② 责：求，要债。

③ 司：主管。

④ 彻：周代的税法，十分抽一。

⑤ 与：赞助，帮助。

‖ 解说

和解深仇大怨，必定还有余怨，怎么能处理完善？ 因此圣人手持借据，却不向人要债。有德的人掌管凭证，无德的人只管收税。自然法则没有偏爱，永远帮助善良的人。

“道”本无怨，怨出于人为。大怨虽和，余怨犹存。民之生怨，出于彻法，出于无德司彻。若要怨不生，即使有债券，却不索债于人。好比“道”善贷万物。按“道”治理，就不会生怨。统治者只有效法“道”，才能处理好与百姓的关系，才能和谐相处，才能做到所谓“夫唯不厌，是以不厌”。陈鼓应说，本章在于提示为政者不可蓄怨于民。

596. 圣人之生，与运隆替[①]，运通则功济当时，运闭则道存身后。

（《左传正义·序》）

‖ 释义

① 隆替：兴衰。

‖ 解说

圣人的生存与时运的兴衰相应，时运亨通时就建功立业，时运不通时就隐身而退等待时机。

597. 人无衅焉[①]，妖不自作。人弃常则妖兴[②]，故有妖。

（《左传·庄公十四年》）

‖ 释义

① 衅：罅隙，指因邪念产生的恐惧。

② 常：常理，规律。

‖ 解说

妖孽不会自己产生，人们违背规律妖孽就会兴起。人行事端正，内心坚定，妖怪不会产生。人背离常规常理，妖怪就会出现。

598. 哀乐失时，殃咎必至[1]。

（《左传·庄公二十年》）

‖ 释义

① 咎：灾祸。

‖ 解说

人的悲哀喜乐不合时宜，必定带来灾祸。

599. 沈渐刚克，高明柔克。

（《左传·文公五年》）

‖ 解说

出自《尚书·洪范》，“沈渐”作“沈潜”。沈渐本指大地，大地为阴，特性为柔，大地出产金石，柔中有刚。高明本指天，天为阳，特性为刚，刚中有柔。古人以刚克、柔克和正直作为人的三种品德。刚克者，刚能立事。柔克者，和柔能治。刚则失之于强，柔则失之于弱，故贵其能刚能柔，意谓刚不苛酷，柔不滞溺。

600. 人行德，天报之福[1]；人行恶，天报之祸。

（《公羊传·僖公三年》唐徐彦疏）

‖ 释义

① 报：报答。

‖ 解说

人行善积德，老天用福气报答他；人做坏事，老天用祸事报答他。